AF246934

LA RÉPUBLIQUE DES CONSEILLERS

DAVID SÉNAT

LA RÉPUBLIQUE DES CONSEILLERS

BERNARD GRASSET
PARIS

ISBN : 978-2-246-81209-8

Pour Laetitia, Jean-Philippe et Alexis

Pour Ralph, Félix et Emmanuel

Pour mes amis

« La vie, sans les maux qui la rendent
grave, est un hochet d'enfant. »

CHATEAUBRIAND

Avant-propos

« Il faut quand même qu'on te pose une question un peu méchante. » L'émission politique du dimanche soir s'étirait en longueur, entre réponses convenues et interrogations journalistiques de même ton. Une pause publicitaire fut alors l'occasion pour l'un des interlocuteurs du ministre de lui montrer qu'il était indépendant.

L'homme était élégant et distingué. J'appréciais depuis longtemps ses articles et éditoriaux subtils et mesurés, sans excès de férocité à l'égard de quiconque. Il se montrait pourtant sous un jour que je ne lui connaissais pas, ou que sans doute je n'avais pas perçu, moins dans la complicité que dans la connivence.

« On va te poser une question sur le bombardement de Bouaké et la libération des auteurs présumés, qu'en penses-tu ? »

Cela n'appelait pas de réponse. Le ministre se tourna vers moi. « Préparez-moi quelque chose, vous avez trois minutes. » Perplexe, je m'éclipsai dans le bureau du directeur de la station pour m'exécuter.

On nageait en pleine absurdie. La question était politique en diable. Quelle avait été la décision politique, prise sans doute au plus haut niveau, qui avait conduit à ne pas appréhender plusieurs ressortissants biélorusses remis par les autorités du Togo alors qu'ils étaient soupçonnés d'avoir participé au bombardement des forces françaises de l'opération Licorne le 6 novembre 2004 à Bouaké ?

Quels en avaient été les ressorts ?

Je l'ignorais, évidemment. Une telle décision, qui engageait nos forces armées, ne relevait pas d'un conseiller technique du ministère de la Défense. Aujourd'hui encore je doute qu'elle ait même relevé du ministre de la Défense lui-même.

En aveugle, je me bornai à énoncer quelques éléments techniques de base concernant la compétence de la loi française pour les crimes commis à l'étranger sur des Français, le tribunal aux armées compétent pour en connaître quand il s'agissait de militaires victimes, ou encore la notion de flagrance.

Peu importait. Telle n'était pas la question, bien sûr. Les auteurs présumés de l'assassinat de neuf militaires français avaient été relâchés alors que la justice française aurait pu, selon la loi, en être saisie.

Etrange époque quand même où on demandait à un conseiller technique de préparer une réponse qui était et demeurait purement politique. Exemple parmi tant d'autres de la décadence d'une société politique irresponsable qui revendique avec orgueil sa légitimité mais qui sait si bien s'en débarrasser quand elle devient gênante.

A l'été 2010, au terme de huit années consécutives passées au sein de quatre cabinets ministériels, j'étais contraint de quitter mes fonctions. Ce rouleau compresseur auquel j'avais consacré toute mon énergie pendant huit longues années, aux ministères de la Justice à deux reprises, de la Défense et de l'Intérieur avait fini par se retourner contre moi.

Au cours de l'été 2010, une poignée d'agents de la DCRI, la Direction centrale du renseignement intérieur, supposée faire la guerre aux terroristes et autres espions, avaient obtenu et analysé les factures téléphoniques d'un journaliste bien informé, ainsi que les miennes – les fameuses « fadettes » – et découvert que j'avais eu des échanges avec lui. Un acte de haute trahison alors que certains, dans leurs propres rangs, faisaient de même depuis des années. J'étais soudain frappé du sceau de l'infamie. Considéré comme indésirable, voire dangereux.

Banni du pouvoir, éloigné des prétoires, j'ai eu le temps de réfléchir à ces années. J'ai craint un temps de perdre une partie de ma raison.

Je découvrais un peu tard le monde politique, l'exercice de l'Etat, tel qu'il était et tel que dépeint dans le film éponyme[1] : ses petitesses, ses lâchetés et surtout son absence de sentiment. Il faut survivre, quitte à tuer ou blesser. Le film montrait un fidèle homme de l'ombre, lâché sans explication, alors qu'il fête avec son ministre tout juste nommé leur victoire commune.

Le pire n'est pas d'avoir été jeté tel un mouchoir usagé. De cela on se remet, comme de beaucoup d'avanies. C'est d'avoir fait corps avec un système qui peut faire de grandes choses mais aussi broyer les personnes et les illusions.

Au-delà de ma vérité sur l'« affaire des fadettes », c'est le récit de ma relation au pouvoir que je souhaite partager. Un pouvoir qui m'a absorbé, dévoré, aveuglé jusqu'au jour où il m'a chassé, me permettant de retrouver

---

1. *L'Exercice de l'Etat*, film de Pierre Schoeller, 2011.

la lucidité que j'avais perdue à force d'approcher le soleil.

Cette vérité semblera sans doute incomplète. Contrairement aux idées reçues, même au sommet de l'Etat, le pouvoir est morcelé, la vision parcellaire. Je n'ai pas tout vu, tout su. N'ayant ni l'imagination ni le talent d'un romancier, j'ai limité mon témoignage aux événements auxquels j'ai assisté. Sans m'interdire de soulever les questions qui, au cours de ces années de procédure, m'ont souvent taraudé.

Chapitre 1

Aller simple pour Cayenne

Un grand ministre, dans le gouvernement aristocratique de l'Europe moderne, est un phénomène presque aussi rare qu'un grand roi.

John Stuart Mill

C'est au début de l'année 2010 que j'avais entendu parler pour la première fois de l'affaire Bettencourt, j'étais alors conseiller pour les questions pénales du ministre de la Justice, Michèle Alliot-Marie. Le conflit entre la mère et la fille venait de prendre une nouvelle tournure avec la remise à la justice des enregistrements pirates du maître d'hôtel. Le dossier était sensible car il concernait la femme la plus riche de France, propriétaire de L'Oréal, et risquait de menacer l'un de nos fleurons industriels, disait-on. Je n'y prêtais toutefois pas une attention particulière, je n'y avais aucun mal ou mérite particulier tant le cabinet du ministre disposait de peu d'éléments d'information et de compréhension. Un différend familial. Un conflit atridien. La Chancellerie, qui devait pourtant bénéficier de remontées d'informations conformément à la loi, était placée sous un voile d'ignorance. Je ne m'en offusquais pas. Il me semblait normal qu'un procureur travaillant sur une affaire sensible ne livre pas toutes ses cartes, même si mon rôle consistait malgré tout à être le mieux informé possible, pour que le ministre que je servais le soit aussi. Pas moins que d'autres autorités de l'Etat, à commencer par la première d'entre elles.

Je n'aurais jamais pensé figurer sur la longue liste des victimes collatérales de l'affaire Bettencourt. En virant au vaudeville politico-financier, ce règlement de comptes familial a fragilisé l'ancien président Nicolas Sarkozy, mis en examen avant de bénéficier d'un non-lieu. Il avait aussi pour un temps emporté le ministre du Budget Eric Woerth, dont l'étoile politique a été ternie par une certaine confusion des genres – professionnel et personnel – avant qu'il soit relaxé. Le procureur de Nanterre s'est vu muté dans l'intérêt du service en 2012, après le changement de majorité, pour « rétablir un fonctionnement serein au tribunal de grande instance de Nanterre », selon les mots du conseil d'Etat. Il m'a également atteint, mais indirectement, puisque sans cette affaire, je n'aurais pas eu à quitter mon poste dans des conditions aussi brutales que manifestement illégales.

Avec le recul, je ne peux que faire le constat un peu amer d'une certaine candeur. Le zèle avec lequel le parquet de Nanterre multipliait les ouvertures d'enquête, quatre, aurait pourtant dû m'alerter. Des investigations portant non pas sur l'affaire en elle-même, mais sur certains de ses témoins clés : le gestionnaire de fortune de Mme Bettencourt, Patrice de Maistre, la comptable trop bavarde, Claire Thiboult, dont les déclarations sur les remises d'argent en liquide avaient fait trembler le pouvoir. Sans compter le vif intérêt de l'Elysée pour cette affaire.

Au printemps 2010, j'avais reçu une requête pour le moins surprenante de la part du Château. On me demandait si la Chancellerie disposait d'éléments concernant l'assassinat de Peter Ikin, un producteur de musique australien tué à Paris en novembre 2008. Le principal suspect, Alexandre Despallières, compagnon de la victime, se trouvait être un ami d'Olivier Metzner, l'avocat de la fille de Liliane Bettencourt, très offensif dans le dossier d'abus de faiblesse. Je ne répondis pas, je tentai de gagner du temps, le bien le plus précieux dans une société que commençait déjà à gagner la frénésie d'une information immédiate, permanente et protéiforme. Quelques semaines plus tard, quelle n'était pas ma stupeur à la lecture d'un long article du *Journal du Dimanche* consacré à cette étrange histoire. Le signataire, celui-là même qui plus tard harcèlera mon fils pour tenter de me joindre et d'obtenir des révélations lorsque je serai moi-même pris dans la nasse de l'affaire Bettencourt, ne manquait pas de rappeler les liens unissant Despallières et Metzner, « un proche qui l'a hébergé en 2009 ». Pas dupe de la manœuvre, le ténor, depuis décédé, ripostait par un droit de réponse. Il y dénonçait « une mise en cause intervenant dans un contexte très particulier où beaucoup aimeraient [l]e déstabiliser, ce qu'ils n'arriveront pas à faire ». L'audition de Metzner comme témoin dans cette affaire de meurtre crapuleux, deux jours avant le début du procès opposant Françoise Bettencourt au photographe François-Marie Banier, aurait dû m'inciter à une prudence accrue...

Au début de l'été 2010, avec les révélations de Mediapart sur les liens professionnels entre Mme Woerth et le gestionnaire de fortune des Bettencourt, il était évident à la Chancellerie que, derrière le conflit familial, pouvait se cacher une affaire d'Etat ou, à tout le moins, de l'Etat. J'étais tenté d'aller plus loin pour savoir ce qui se jouait en coulisse.

Par devoir, afin de servir le ministre, et par orgueil aussi peut-être, ne voulant pas être le dindon de cette farce. L'Elysée semblait très informé de l'avancée des investigations, bien plus que nous à la Chancellerie, au point que les meilleures informations provenaient des réunions auxquelles participait le ministre au Château. Comme je n'arrivais à rien ou à si peu par la voie officielle, j'avais eu recours au système D. Les relations que j'avais nouées de longue date avec des journalistes d'investigation lors de mes passages dans trois autres ministères régaliens, me permettaient de compléter et de conforter les bribes d'information dont je disposais. J'échangeais notamment sur ce sujet comme bien d'autres avec Gérard Davet, qui couvrait l'affaire pour *Le Monde*. Penser que les membres des cabinets ministériels n'ont pas de relations avec la presse ou qu'ils n'auraient pas le droit d'en avoir relève de l'erreur manifeste et de la négation de l'identité même des cabinets ministériels. Quelle serait en effet leur utilité par rapport à l'administration, s'ils devaient en adopter et reproduire les méthodes de travail, et notamment le mutisme et le secret ? Penser encore que les relations entre les journalistes et le pouvoir politique sont contrôlées par les conseillers en communication des cabinets ministériels est également un mythe ou plus sûrement une imposture. Je n'échappais pas à la règle et entretenais des rapports suivis avec nombre de journalistes. Notamment en charge des relations avec les cultes au cabinet du ministre de l'Intérieur avant de migrer à la Justice, j'avais suivi avec intérêt chroniques et commentaires des journalistes qui couvraient les sujets religieux, délicats s'il en fut, a fortiori dans le contexte de « laïcité positive » dans lequel le chef de l'Etat avait inscrit les relations entre l'Etat et les cultes. Les fins connaisseurs de ce domaine étant peu nombreux, je multipliais les rencontres et échanges qui me permettaient de décrypter les relations de l'Eglise avec l'Etat, de l'Eglise en France avec le Vatican et surtout la construction incertaine de la représentation institutionnelle de l'islam en France autour du Conseil français du culte musulman.

L'attelage que forment journalistes et membres de cabinet est complexe. Désireux de faire passer des messages et de promouvoir leur ministre, les conseillers sont évidemment des sources pour les journalistes, soit pour informer, influencer, soit, le plus souvent, pour confirmer, tant les sources sont plurielles. Mais l'inverse est également vrai. Les journalistes d'investigation sont de remarquables vecteurs d'informations, d'autant plus précieux que les sources officielles sont taries, mutiques ou détournées de leur cours. Gérard Davet, qui était en pointe sur l'affaire Bettencourt et parlait à tous les acteurs – des enquêteurs de terrain jusqu'au procureur de Nanterre –, en savait beaucoup plus que moi. J'avais fait la connaissance de cet enquêteur expérimenté au ministère de la Défense, alors qu'il couvrait le dossier Clearstream et que le ministre de la Défense d'alors avait été assez injustement soupçonné d'avoir joué un rôle central dans ce dossier. Je l'avais revu en mai 2008 lors d'un déplacement officiel du ministre en Algérie. En poste à Beauvau, Michèle Alliot-Marie avait été reçue par son homologue dans ce qui était l'ancien siège du gouvernement général. Le ministre de l'Intérieur algérien, percevant notre curiosité pour ce lieu chargé d'histoire, nous avait demandé après l'entretien ce que nous souhaitions voir en particulier. Je me souviens d'avoir à brûle-pourpoint désigné à notre hôte le balcon d'où le général de Gaulle, le 13 mai 1958, s'était adressé à la foule, qui était précisément celui du salon où le ministre avait été reçue par son homologue. Des voitures remplaçaient la foule en liesse. Qu'importait, le lieu demeurait chargé d'histoire. Je me rappelle avoir envoyé un texto à des proches, en forme de clin d'œil : « Nous sommes le 13 mai et je suis sur le balcon du gouvernement général d'Alger. » Parmi les quelques journalistes du voyage figurait Gérard Davet. Nous avions sympathisé autour d'un thé à la menthe, nous découvrant une passion commune pour le football. Depuis, nous échangions de temps à autre. C'était un interlocuteur averti, informé. Il s'agissait d'un contact professionnel comme tant d'autres. Nous étions dans une relation classique de double manipulation. Lui, essayant de confirmer des informations, moi d'en obtenir. Rien qui puisse mettre la République ou son président en danger.

Pourtant, lorsque le 17 juillet 2010, *Le Monde* publia sous la plume de Gérard Davet des extraits de l'audition de Patrice de Maistre placé en garde à vue, la machine s'emballa. Les déclarations du gérant de fortune de Mme Bettencourt affirmant qu'Eric Woerth « lui a[vait] demandé de recevoir sa femme pour la conseiller » mettaient en difficulté le ministre du Budget, ex-trésorier de l'UMP et Premier ministrable potentiel. Eric Woerth touché, tout le gouvernement se retrouvait affaibli. Gérard Davet continuait de m'appeler pour vérifier certaines informations. Entre deux digressions sur la Coupe du monde en Afrique du Sud, le journaliste m'entretenait du dossier pour lequel il écrivait et sollicitait mon avis. Je lui répondais a minima. Mes tentatives pour atténuer la portée de ses révélations restaient vaines. Parler de trafic d'influence à propos de l'octroi concomitant d'une décoration et d'un service rendu était audacieux. La preuve du pacte de corruption était peu évidente. Lorsque sortit le papier de Gérard Davet, la Sarkozie vit rouge. « Vous ne me protégez pas ! » se serait énervé le chef de l'Etat face au directeur général de la police et au patron de la DCRI.

J'apprenais, le 22 juillet, quatre jours après la parution de l'article, que j'étais dans le viseur. En pleine réunion de cabinet, dans le bureau de François Molins, le directeur de cabinet du ministre, ce dernier fut interrompu par un appel sur son portable. Plutôt que de sortir pour prendre l'appel, conformément aux usages autant qu'à la prudence, il poursuivit la conversation en public, à voix basse. Aux regards un peu inquiets qu'il lançait dans ma direction comme pour me parler sans rien dire, je sentis intuitivement que j'étais concerné. Lorsque nous nous retrouvâmes en tête à tête, une fois mes collègues sortis, François Molins se montra direct : « Il paraît que tu as des contacts avec des journalistes. » Il n'en dit pas plus, ne me livra évidemment pas le nom des gens avec qui j'aurais échangé, pas plus que celui du mystérieux interlocuteur téléphonique qui venait de le prévenir. Je supposai plus tard qu'il s'agissait de Frédéric

Péchenard, le directeur général de la police nationale (DGPN), devenu celui de l'UMP, celui-là même qui avait essuyé la colère de Nicolas Sarkozy quelques jours plus tôt. Ami d'enfance du président, ou se présentant comme tel, Frédéric Péchenard endossa plus tard la responsabilité de l'enquête me concernant sans en répondre devant la justice au-delà du statut de témoin assisté.

Sur le moment, j'accusai le coup. Bien sûr, j'avais eu des contacts avec les journalistes. Les questions se bousculaient dans ma tête. Comment ces échanges avec la presse avaient-ils été découverts ? Une enquête judiciaire avait-elle été ouverte ? Un juge d'instruction avait-il été saisi ? Impossible de le savoir. Personne ne me disait rien. Evidemment.

Dans l'après-midi, le directeur adjoint du cabinet, Alexandre Jevakhoff, qui comme moi suivait le ministre depuis longtemps, me rejoignit dans mon bureau, sans doute moins animé par l'empathie que par l'odeur de la poudre. Il me fixa de son regard perçant, ce regard slave très intense qui souvent déstabilisait ses interlocuteurs et dont je l'avais vu si souvent jouer pour défendre le ministre, y compris et surtout contre sa propre administration d'origine, le ministère de l'Economie et des Finances. J'y étais habitué et pourtant, ce jour-là, sa question qui était plus une affirmation me glaça : « Alors, il y a une enquête en cours vous concernant ? » Manifestement il avait eu au téléphone ou vu des membres du ministère de l'Intérieur car il me parla de « réquisitions portant sur mon téléphone ». En clair, cela signifiait qu'on avait analysé mes communications afin d'identifier mes contacts. Je ne décelai guère d'empathie dans sa voix. Je n'en fus pas surpris outre mesure, même si cela m'atteignait, après toutes ces années passées côte à côte. Je me souvenais pourtant de moments de complicité, comme lors de la cérémonie d'intronisation du patriarche orthodoxe à Moscou, au cours de laquelle nous représentions conjointement le ministre. Je savais Alexandre Jevakhoff dur en affaires, mais j'avais aussi le souvenir d'un homme sensible derrière la carapace qu'il s'était soigneusement forgée. N'obtenant de sa part aucune réponse sur le pourquoi et surtout le comment des investigations dont j'avais fait l'objet, je m'énervai. « Qu'est-ce que vous cherchez à faire ? Vous voulez me pousser à bout ? » Je finis par obtenir de mon interlocuteur mutique un début de piste. Lorsque j'insistai sur le cadre juridique dans lequel s'était faite la surveillance, il finit par me lâcher, sibyllin : « Vous avez été à l'Intérieur, vous savez comment cela se passe… »

Me revinrent alors en mémoire ces investigations discrètes sur diverses personnalités dont j'avais entendu parler place Beauvau. Je n'allais pas feindre de découvrir que le pouvoir se livrait à ce genre de pratiques. J'avais toujours su que cela se faisait, sans jamais me sentir concerné. Pour conjurer l'espionnite chronique dont le patron du renseignement, Bernard Squarcini, était dit-on atteint[1], nous avions, entre membres du cabinet du ministère de l'Intérieur, nos petits rituels. En réunion de cabinet, avant l'arrivée du directeur, dans le salon Erignac, le mercredi matin, nous faisions parfois en préambule un signe de la main à une caméra invisible nichée dans les moulures ou les rideaux en disant : « Bernard, si tu nous écoutes... » De même, nos conversations téléphoniques commençaient souvent par un « Bonjour Bernard » ou « Bonjour tout le monde ». Aucun de nous n'y croyait vraiment.

Il me fallut cette conversation surréaliste avec Alexandre Jevakhoff pour que je comprenne à quel point la légende avait un fond de vérité. Cette fois, c'était moi qui étais pris dans les filets. Il s'ensuivit une phase de paranoïa aiguë. Peut-être pas totalement dénuée

---

1. Cf. Olivia Recasens, Christophe Labbé et Didier Hassoux, *L'Espion du Président*, Robert Laffont, 2011.

de fondement. Je n'appelais plus que de chez mes parents ou de cabines téléphoniques, dont je redécouvrais subitement l'existence et l'utilité. Pourtant, je savais que par principe elles étaient toutes surveillées. Gérard Davet, qui ignorait tout, tenta de me joindre à plusieurs reprises. Je l'évitais. Persuadé d'être sur écoute, je ne disais rien à ma femme, alors en vacances avec les enfants. Je ne parlais à personne. J'étais complètement seul.

Très vite, place Vendôme, je ne fus plus le bienvenu. En l'absence du directeur de cabinet, François Molins, c'est son adjoint qui géra mon exfiltration, probablement en liaison étroite avec le secrétaire général de l'Elysée, Claude Guéant. Dès le 26 juillet, quatre jours après le coup de fil mystérieux, j'étais nommé chargé de mission à Cayenne. Un poste fictif. Je me voyais déjà casser des cailloux, mais sur le papier, j'étais chargé de préparer le terrain en vue de la création d'une future cour d'appel. Le marché que l'on me mettait entre les mains était simple, mais non négociable : je quittais le cabinet, je partais en vacances et, à la rentrée, je m'installais avec femme et enfants à Fort-de-France, d'où je piloterais le projet guyanais. Je me rendais bien compte que tout cela était absurde, qu'il s'agissait d'une sanction déguisée. Pourtant, malgré la symbolique attachée au lieu, on me présentait cette mutation comme une promotion, une opportunité qu'il ne fallait pas laisser passer. On allait même jusqu'à me faire miroiter le futur siège de procureur général près la cour d'appel de Cayenne... alors que je n'avais absolument pas l'âge ni le grade pour ce poste. Pour connaître un peu le statut de la magistrature, je savais qu'on ne pouvait pas être nommé outre-mer dans ces conditions. Sans aucun contrôle, notamment celui du Conseil supérieur de la magistrature.

Pourtant, je laissai faire. J'étais KO debout. Ma seule arme aurait été d'enclencher un contre-feu médiatique. J'en étais bien incapable. Je n'étais pas de taille. J'avais peur. J'avais beau savoir que je n'avais rien à me reprocher, l'hystérie et la violence politique de cette époque étaient telles que je craignais de me retrouver pris dans un tir croisé. J'étais aussi retenu par une espèce de réflexe conditionné de loyauté, résultat de toutes mes années passées dans l'ombre des politiques.

Pendant l'été, j'eus tout de même un éclair de lucidité. Où peut-être est-ce ma femme, effondrée à l'idée de me voir partir seul et si loin, qui m'ouvrit les yeux. Je fis alors savoir en haut lieu que je n'irais pas à Cayenne et que je ferais comprendre à tout le monde que j'avais été débarqué. On m'écrivit qu'il était compliqué de revenir en arrière, que « tout avait été vu avec le ministre ». En contrepartie de ma promotion future comme procureur général à 8 000 kilomètres de Paris, cette histoire de factures téléphoniques requises à mon insu par les services de renseignement devait rester secrète. Michèle Alliot-Marie, qui se pensait en situation d'être nommée Premier ministre, n'avait aucun intérêt à ce qu'il y ait une polémique publique la concernant.

D'autres si, apparemment. Début septembre sortait dans le magazine *Marianne* un petit écho sur la disparition de David Sénat, désormais injoignable à la Chancellerie. Autour de moi, tout le monde feignit l'étonnement. Puis le site du *Nouvel Observateur* s'y mit à son tour, repris par une dépêche de l'AFP datée du 12 septembre. « L'IGS (la police des polices) a été saisie d'une enquête pour violation du secret de l'instruction en lien avec l'affaire Bettencourt », écrivait l'agence de presse. « David Sénat, conseiller pénal de Michèle Alliot-Marie est accusé d'être à l'origine de fuites dans la presse » et « MAM a été sommée en haut lieu de se débarrasser de son fidèle conseiller », dont « les appels passés depuis son portable administratif ont été épluchés ». Les clochettes devenaient trop bruyantes, il fallait gérer la crise. Je reçus alors un appel du cabinet du ministre, de l'un de mes anciens collègues donc et ami néanmoins, me disant qu'ils prenaient la main sur la communication. J'obtempérai. Je continuais à penser qu'eux et moi étions au moins alliés objectifs dans cette affaire. Or, au lieu de s'engouffrer dans la brèche de l'illégalité de la procédure me visant, le porte-parole de la Chancellerie s'en tenait à la version officielle consistant à affirmer que « David Sénat a reçu une nouvelle affectation conforme à ses attentes ».

J'aurais dû m'en douter. Avant mon départ du cabinet, pendant l'été, MAM m'avait reçu, et notre entretien avait été aussi glacial que limpide. Pour elle qui rêvait plus ou moins secrètement de remplacer François Fillon à Matignon, ou à tout le moins de demeurer au gouvernement à un autre poste, cette affaire tombait au plus mal. Face à la perspective de gravir une nouvelle marche au sein du pouvoir, le sort d'un collaborateur – même fidèle et dévoué – ne pèse pas grand-chose. C'est à ce détachement, cette absence totale d'affect, que l'on reconnaît les animaux politiques. Michèle Alliot-Marie appartenait à cette catégorie, cela ne fait aucun doute. Survivre à tout prix. Se maintenir dans son identité politique. Parer les coups d'où qu'ils puissent venir. Garder son poste. Je me suis tout de même étranglé lorsqu'elle a cru devoir me demander qui était Gérard Davet et comment il était informé sur le dossier Bettencourt.

MAM avait-elle oublié qu'en 2005-2006, elle avait elle-même reçu à plusieurs reprises ce journaliste en compagnie de son confrère Hervé Gattegno dans son bureau de ministre de la Défense, lorsque tous deux couvraient l'affaire Clearstream pour le quotidien du soir ? Elle se félicitait pourtant à l'époque des articles écrits par le duo qui, éloignant d'elle le spectre d'un soupçon peut-être habilement dirigé par Dominique de Villepin, le rapprochait de celui-ci. Lorsque je lui rappelai que la consultation des relevés téléphoniques hors procédure constituait un délit – elle était bien placée pour connaître la loi sur le secret des sources, l'ayant fait voter au début de l'année 2010 –, je me heurtai à un mur. Ancien ministre de la Défense puis de l'Intérieur et maintenant de la Justice, MAM, agrégative des facultés de droit, était sans doute la personne au gouvernement qui connaissait le mieux la loi de 1991 sur les écoutes téléphoniques. Je la prévins qu'à mon sens le caractère illégal des conditions dans lesquelles les fadettes avaient été requises par le directeur central du renseignement intérieur ne faisait pas de doute. Je lui indiquai que cette affaire risquait de prendre un jour ou l'autre une tournure judiciaire. Mais le temps de la justice n'est pas celui de la politique. Il était moins facile de s'attaquer à l'ami du président, patron de la toute-puissante DCRI, que de sacrifier un collaborateur, eût-il été à son service plus de sept ans. Un simple fusible en réalité, comme le sont tous les conseillers.

CHAPITRE 2

Un magistrat
dans les allées du pouvoir

L'Evangile met certains métiers à l'honneur et en condamne d'autres. Parmi ces derniers, il y a, contre toute attente, le métier de juge.

FRANÇOIS SUREAU,
J'ai des soldats sous mes ordres

La première fois que j'avais été confronté au pouvoir, il avait déjà le visage d'une femme. En 1997, en début de carrière, je rejoignais la Chancellerie, place Vendôme, à Paris. Les services du ministère étaient installés au fond de la cour de l'hôtel de Bourvallais, si bien que lorsque je traversais les lieux pour regagner mon bureau, il m'arrivait d'apercevoir le garde des Sceaux Elisabeth Guigou sortant de sa voiture à vitres teintées. C'était sous le gouvernement Jospin. Pour mon premier jour, l'agitation était à son comble. La veille, la princesse de Galles s'était tuée dans l'accident du tunnel de l'Alma. A la demande du juge d'instruction, un cordon de sécurité entourait le Ritz, voisin de nos bâtiments, où la princesse était logée. Les forces de police étaient massivement déployées sur la place. Au sein du ministère aussi, l'émoi était palpable, alors que planait encore l'hypothèse d'un assassinat, avec toutes les conséquences diplomatico-judiciaires que l'on imagine. Ce sentiment d'être soudain projeté au cœur de l'Etat était fascinant et inquiétant.

Rien ne me prédisposait à me frotter un jour au monde politique. Je n'avais jamais milité, ne m'étais jamais engagé dans un mouvement étudiant. Ma famille n'était pas politisée, j'ignorais pour qui mes parents votaient. En 1981, voisin de la rue de Solférino, à côté du siège du PS, j'avais assisté du balcon aux scènes de liesse populaire suscitées par l'élection de François Mitterrand. Est-ce par idéalisme que j'avais choisi la carrière de magistrat ? Je n'en suis pas sûr. Je ne peux pas dire que je rêvais de rendre la justice, ce serait faux. La vocation m'était venue assez tard, après mes études de droit et mon passage par Sciences-Po. Mon grand-père, qui avait été magistrat, occupait une place importante dans l'histoire familiale. C'était un exemple, même si je ne l'ai pas connu. Ma mère travaillait à la Protection judiciaire de la jeunesse. Elle dirigeait des foyers pour mineurs en danger. Je n'étais donc pas totalement étranger à l'univers des tribunaux et des prétoires.

A ma sortie de l'Ecole nationale de la magistrature, en 1994, je fus nommé au tribunal de Péronne, dans la Somme. Je m'y retrouvais seul au milieu des champs de betteraves et des cimetières militaires australiens et britanniques, rassurants avec leurs petites croix blanches parfaitement alignées. Je me plaisais dans cette ville chargée d'histoire. Péronne n'était pas seulement un haut lieu de la Seconde Guerre mondiale, c'était aussi le berceau de la garde à vue : Louis XI y avait en effet été retenu pendant plusieurs jours par le duc de Bourgogne, en octobre 1468, un séjour forcé au terme duquel il signa le traité de Péronne, si terrible pour le royaume de France qu'il ne fut jamais honoré. Le tribunal où j'officiais était l'un des plus petits de France. Il a été fermé depuis. C'est dans cet environnement rural et déshérité que je mettais en application mes connaissances, jusque-là théoriques, du droit pénal et de ses méandres. Faisant partie de cette génération de magistrats marquée par l'affaire de Bruay-en-Artois et le meurtre du petit Grégory, je trouvais à Péronne une sociologie assez comparable à celle de ces deux affaires. Certains faits divers que j'étais amené à traiter me remuaient, évidemment, mais c'est avec une certaine insouciance, sans difficulté et sans pression, que j'apprenais les rudiments du métier de magistrat. Je mesurais ma chance en observant qu'à moins de trente kilomètres de là, à Amiens, la délinquance explosait et les moyens manquaient cruellement. Mes collègues y étaient débordés, alors qu'à Péronne l'activité était calme et les moyens plus que satisfaisants.

De retour à Paris, je fus affecté à la direction des services judiciaires de la Chancellerie, terme obscur qui désigne la gestion des effectifs de la magistrature mais aussi la répartition des moyens techniques, matériels, immobiliers et informatiques. Je passais d'une vision de la justice au microscope à celle d'une vision au télescope, puisque j'intervenais désormais très loin du terrain. J'étais frappé par le mode de fonctionnement de l'Etat, qui me semblait très artisanal. J'imaginais une grosse machine bien huilée, avec une multiplicité de services, beaucoup de fonctionnaires et une organisation au cordeau. Or l'hôtel de Bourvallais, siège de la Chancellerie, était exigu. Rien à voir avec Bercy et ses couloirs sans fin ou le labyrinthe de l'hôtel de Brienne, siège du ministère de la Défense, où je serais amené à servir quelques années plus tard. Je découvrais, derrière le prestige de l'adresse et le décorum, une structure peu impressionnante, très défraîchie, et gérée de façon artisanale. La Justice, mal dotée, est un ministère de matière grise plus que de petites mains. Tout repose sur quelques personnes, on y travaille à flux tendus et on ne compte pas ses heures.

Politiquement, la période était passionnante. Elisabeth Guigou était un ministre à poigne, qui voulait faire bouger l'institution judiciaire, la rendre plus indépendante. Ce volontarisme ne faisait pas l'unanimité au sein du gouvernement et la pression était forte. Alors que la gauche se voyait confrontée à la montée du thème de l'insécurité, Guigou s'opposait vivement à son homologue de l'Intérieur, Jean-Pierre Chevènement. Ce dernier, qui réclamait un durcissement des règles de procédure s'appliquant aux mineurs délinquants, frappa les esprits en les qualifiant de « sauvageons ». Un dérapage inacceptable aux yeux du garde des Sceaux, qui s'opposait à une modification de la législation issue de l'ordonnance de 1945 sur la justice des mineurs. Et qui gagna son bras de fer avec « le Che ».

Mon minuscule bureau avait beau être proche de l'aile réservée au ministre et à son équipe, j'étais très loin de ces joutes politiques. Mon supérieur hiérarchique, le directeur des services judiciaires, suivait, lui, tout cela avec grand intérêt. Avant de retrouver un poste dans la haute administration, ce magistrat avait exercé dans plusieurs cabinets de droite, notamment aux côtés d'Albin Chalandon, puis de François Léotard et de Jacques Toubon. Proche du RPR, il était persuadé que son camp allait réussir à panser les plaies de la dissolution et revenir au pouvoir à la faveur de la présidentielle de 2002. Il m'assurait qu'après la victoire de la droite, il retournerait en cabinet et m'emmènerait avec lui.

Je n'y croyais qu'à moitié, mais je le suivis au sein d'un petit groupe de hauts fonctionnaires et d'élus, qui planchait sur le programme du RPR, sur le point de devenir l'UMP. Je travaillais avec lui et avec d'autres comme le député Jean-Luc Warsmann, futur président de la Commission des lois de l'Assemblée, sur les propositions judiciaires du futur candidat. Déjà, la pré-campagne présidentielle tournait beaucoup autour des thèmes de justice et de sécurité, ce qui rendait l'exercice assez exaltant. Loin des Etats-Unis, où les *think tanks* brassent les concepts autant que les millions. Le programme du RPR était fait avec trois bouts de ficelle par quelques hommes de bonne volonté. A l'époque, peu de politiques s'intéressaient aux questions judiciaires, moins porteuses électoralement que l'économie ou la sécurité. Les ministres de l'Intérieur, qu'ils soient de droite ou de gauche, sont toujours jacobins. Ils mènent donc tous peu ou prou la même politique. Le point sensible de la chaîne de sécurité, pour reprendre une expression chère à Michèle Alliot-Marie, n'était donc pas Beauvau mais bel et bien Vendôme. Le garde des Sceaux n'est pas seulement le garant des libertés publiques, c'est aussi le ministre qui décide notamment des modalités d'exécution des peines, oriente les modes de poursuite contre les délinquants au nom de la société et veille à la condition pénitentiaire.

En 2002, contre toute attente, Jacques Chirac était reconduit à l'Elysée. Elu face au candidat du Front national, il l'emportait au terme d'une campagne tendue, qui avait fait la part belle à la lutte contre l'insécurité et à la délinquance des mineurs. C'est dans ce contexte très particulier que j'intégrai le cabinet du garde des Sceaux dont mon ancien directeur avait été nommé – comme il l'avait prédit – directeur adjoint. Au lendemain du deuxième tour, le ministère était quasiment désert lorsque j'y pénétrai avec un de mes collègues et ami de promotion. Marylise Lebranchu et son cabinet étaient partis, mais la nouvelle équipe n'avait pas encore pris possession des lieux. Nous rejoignions tous les trois la petite équipe alors en voie de constitution autour du directeur de cabinet, un membre du conseil d'Etat aussi puissant intellectuellement qu'humainement peu chaleureux. Nous avions été présentés quelques jours plus tôt au ministre.

Le nouveau garde des Sceaux, Dominique Perben, n'était pas candidat au poste. A l'instar de nombre de ses prédécesseurs et successeurs, il s'était retrouvé un peu par défaut titulaire de ce maroquin prestigieux, mais de faible portée politique. N'ayant aucune autorité sur le cours des affaires dont elle assume toutefois la responsabilité politique, la Chancellerie était un cimetière politique. Pierre Méhaignerie, Jacques Toubon, Elisabeth Guigou et Dominique Perben lui-même en ont tous fait à des degrés divers la douloureuse expérience. Issu du corps préfectoral, ce dernier souhaitait devenir ministre de l'Intérieur et n'en faisait pas mystère. L'équilibre politique du moment en avait décidé autrement et Nicolas Sarkozy avait hérité des clés de Beauvau. Le président Chirac et son secrétaire général, Dominique de Villepin, pensaient canaliser le trublion de la droite en lui offrant un maroquin de choix. Ce faisant, ils sous-estimaient l'exposition médiatique fantastique qu'offrait le ministère de l'Intérieur lorsque son occupant s'en saisissait à bras-le-corps. Dominique Perben s'installait à la Chancellerie, mais avec la détermination et l'envie de mener à bien les réformes promises pendant la campagne. Il s'acquitta d'ailleurs de cette mission difficile avec talent, même si l'histoire ne retint de son passage que la seule loi Perben 2, jugée à tort liberticide par ses contempteurs. Une vision aussi injuste que fausse : on oublie trop vite qu'en étendant les prérogatives de la justice en matière de lutte contre la grande criminalité, et en renforçant les moyens des magistrats, ces lois ont permis à la France de s'inviter dans la cour des Etats en pointe dans la répression du crime organisé.

En charge de la justice des mineurs, je me trouvai très vite plongé dans le grand bain de la politique. Il fallait qu'en quatre mois nous ayons fini d'écrire le projet de loi de programmation pour la justice exigée par le président. L'un des points forts du texte devait être la création des centres éducatifs fermés annoncés pendant la campagne. L'idée d'une alternative à la prison pour les jeunes délinquants avait été lancée par le candidat Chirac lors d'un déplacement à Garges-lès-Gonesse en mars 2002. Une jeune énarque appartenant au cabinet du président de la République – Valérie Pécresse – en avait imaginé le concept, elle-même inspirée par une ancienne directrice de la Protection judiciaire de la jeunesse. Encore fallait-il, une fois aux responsabilités, réussir à donner corps à cet objet juridique non identifié. Portés par l'enthousiasme de l'élection, nous nous mîmes au travail dès le 8 mai. Les centres éducatifs fermés se révélaient un véritable casse-tête juridique : ils devaient être effectivement fermés pour respecter la promesse présidentielle mais ne pouvaient pas conduire à la mise en place d'un système de détention qui ne porterait pas son nom. Dominique Perben s'en tira habilement, en introduisant une notion de fermeture par le droit, différente de la contrainte par les barreaux. Celle-ci permettait aux mineurs placés dans un centre spécialisé d'éviter la détention qui aurait pu être prononcée d'emblée.

Le 9 septembre 2002, la loi était publiée. Un moment fort. L'un des seuls peut-être au cours de mes huit ans de cabinet où j'ai pensé que l'action de quelques-uns au cabinet et dans les services avait pu avoir un effet même limité. On imagine souvent que les collaborateurs des ministres sont ceux qui tirent les ficelles de l'action gouvernementale. L'orgueil, ou plutôt ce qu'il en restait après des années passées au service de ministres souvent plus durs avec les leurs qu'avec eux-mêmes, poussait parfois les conseillers à le croire. Ou à faire semblant. La vérité était que même à proximité du réacteur décisionnel, très rares étaient les sujets sur lesquels on pouvait prétendre peser. Il arrivait que l'on influe à la marge sur une décision, que l'on aide à fluidifier les relations entre services ou ministères, mais il ne faut pas se leurrer : les conseillers n'étaient que les rouages d'un engrenage qui dépassait les politiques.

Passé la phase euphorique de rédaction du texte, au cours de laquelle j'appris à jongler avec la procédure parlementaire, ses lourdeurs et ses subtilités, vint le temps de la mise en œuvre. Je découvrais les résistances de l'administration. Nous nous heurtions en effet de plein fouet à une Direction de la protection judiciaire de la jeunesse et à des juges des enfants farouchement opposés à la réforme. Nous décidâmes de profiter des avantages d'une situation concurrentielle, de surmonter les réticences de l'administration et de travailler avec le secteur associatif, très impliqué dans la prise en charge des mineurs en danger. Le principal opérateur privé habilité intervenant dans ce domaine était alors dirigé par un proche de Jacques Toubon qui se démenait pour faire émerger le projet. On lui doit les premiers centres. Ils sont aujourd'hui plus de cinquante et personne ne songe à les remettre en cause, même pas leurs pires détracteurs, qui ont compris qu'ils avaient peut-être permis à certains mineurs d'éviter la prison. Il est même question d'en étendre le nombre et l'implantation sur le territoire.

Je découvrais aussi les grandeurs et les petitesses de la vie quotidienne d'un cabinet. A commencer par le protocole. Les règles en vigueur au ministère de la Justice ont beau être moins contraignantes que celles observées dans des sanctuaires régaliens comme l'Intérieur ou la Défense, le seul fait d'évoluer aux côtés d'un ministre oblige à une certaine retenue. Un conseiller, contrairement à un élu de la République, ne représente évidemment personne d'autre que lui. Il faut pourtant être attentif. On ne sait jamais, même à une heure tardive on peut croiser au détour d'un couloir la femme du ministre ou un hôte de marque…

Il y avait aussi ce sentiment d'urgence permanente. Quelle que soit la place que l'on occupe dans la hiérarchie, il faut être disponible sept jours sur sept, vingt-quatre heures sur vingt-quatre. Le collaborateur d'un ministre ne s'appartient pas. Il appartient à son patron, lequel est lui-même prisonnier du temps politique et médiatique. L'apparition des chaînes d'information continue et la montée en puissance des réseaux sociaux ont sur ce point aggravé les choses. A l'époque en tout cas, la journée d'un ministre était encore rythmée par les deux grands JT, le 13 heures et le 20 heures, nous obligeant tous à faire le maximum pour que le ministre soit présent dans ces fenêtres de temps médiatiquement utiles.

On parle souvent de la solitude du pouvoir. S'il est vrai qu'il fait souvent fuir les proches, qui en supportent mal le rythme infernal et la tension nerveuse, le pouvoir attire aussi toutes sortes de quémandeurs. On voyait ainsi défiler au cabinet les corporations sous tutelle du ministère, armées de leurs cahiers de doléances, mais également beaucoup de parlementaires, d'hommes politiques et d'amis personnels de tel ou tel. En simplifiant un peu, on pourrait dire que la moitié de la journée était consacrée à écouter les récriminations des gens insatisfaits du traitement que leur infligeait selon eux l'administration, et l'autre moitié à éconduire les demandes de doux rêveurs comme des gens les plus sérieux persuadés qu'elle pouvait faire des miracles pour eux. « Traiter » les solliciteurs en tout genre, leur accorder du temps sans nécessairement donner une suite quelconque à leurs demandes, ou faire semblant en disant ensuite « j'ai fait ce que j'ai pu » ou plus souvent « mais bien sûr, tu as vocation à être nommé, le moment venu… », était une nécessité de tous les instants. Il fallait en permanence évaluer la capacité de nuisance de l'importun, en fonction de ses soutiens politiques ou syndicaux et parfois médiatiques.

Le principe de ces interventions et des réponses n'est pas en soi condamnable. Dès lors que les cabinets ministériels existent au sein de l'appareil d'Etat, et en cela la France se distingue de certains pays, il faut admettre qu'ils aient une fonction d'assouplissement des règles parfois appliquées avec loyauté, rigueur, mais myopie ou cécité par l'administration.

Je garde le souvenir d'un appel furibard d'un ministre en vue à Dominique Perben après qu'il eut appris qu'un de ses collaborateurs proches avait été placé en garde à vue puis condamné définitivement quelque temps plus tard : « La garde à vue, c'est un truc pour les racailles, pas pour les membres des cabinets ministériels », s'énervait en vain ledit ministre.

Sans oublier ce rendez-vous avec Patrick Balkany, qui m'a marqué car il s'agissait de mon dernier acte au cabinet Perben, à l'automne 2003.

Un conseiller de Pierre Bédier, alors secrétaire d'Etat aux programmes immobiliers de la justice, m'avait demandé cette faveur, car il était membre de la section UMP locale. Je reçus donc le maire de Levallois, accompagné d'un cousin de sa femme dont je découvris qu'il dirigeait la société d'aménagement foncier de la ville. Tous deux m'expliquèrent en chœur qu'il fallait que l'Etat vende à la municipalité un bâtiment appartenant à la Direction de la protection judiciaire de la jeunesse, car il se trouvait dans un périmètre où la ville et son édile voulaient lancer une grande opération immobilière. Je les accueillis avec d'autant plus d'aménité que j'étais sur le départ et que l'eussé-je même voulu, je n'aurais rien pu faire pour eux.

J'avais en revanche toujours gardé de bons rapports avec Dominique Perben, mon « premier » ministre, dont j'appréciais la réserve et la distinction. Il ne cherchait pas à établir une familiarité artificielle mais savait se montrer proche de chacun dans les moments importants comme dans la vie de tous les jours. Je le revois ce soir de juillet 2003, penché sur moi alors que je gisais au pied de l'escalier de l'hôtel de Bourvallais. Epuisé par des mois de négociations, j'étais tombé dans la cour du ministère et m'étais cassé la jambe. Il pleuvait des hallebardes mais il était resté là, livide, à attendre avec moi l'arrivée des pompiers. Bien plus tard, il me manifestera à nouveau son soutien, quand tant d'autres s'en abstiendront.

CHAPITRE 3

Dans l'ombre de MAM

*La véritable élégance, c'était d'avancer
sans masque, sans gant.*

MAURICE MAETERLINCK

C'est en claudiquant que j'étais entré au service de Michèle Alliot-Marie. Pas encore remis de ma chute, j'avais la jambe dans le plâtre quand je m'étais présenté à l'hôtel de Brienne. J'étais doublement affaibli. Par mon accident mais aussi par mes derniers mois de service à la Chancellerie. Pour faire sortir de terre les fameux centres éducatifs fermés, il avait fallu rompre des lances avec l'administration, qui procrastinait. Nous avions donc traité avec le puissant secteur associatif, ce qui avait coûté très cher, et pas seulement financièrement, et m'avait valu des inimitiés durables. Mais enfin, l'engagement présidentiel avait été tenu. A mon retour de convalescence, je comprenais que le directeur de la Protection judiciaire de la jeunesse de l'époque avait obtenu ma tête. Comme toujours dans le monde si feutré de la haute fonction publique, cela ne m'avait pas été explicitement formulé, mais il était évident que je n'avais plus ma place au cabinet de Dominique Perben.

Ce dernier, homme distingué et subtil, m'avait reçu à ma demande. J'étais entré en béquillant, mon pied dépassant d'un plâtre qui montait jusqu'en haut de la jambe.

Le conseiller pour la justice de Jacques Chirac à l'Elysée avait quant à lui été très clair. Il avait entendu parler de mes difficultés et m'avait proposé de rejoindre le ministre de la Défense, qui cherchait justement un conseiller juridique, le sien étant en partance. Si j'avais été superstitieux, et sans doute aurais-je dû l'être, j'aurais vu dans ces débuts bancals un mauvais présage. Mais l'entretien, portant essentiellement sur des points techniques, s'était bien passé. J'héritais des affaires juridiques au sein du cabinet, ainsi que du portefeuille de la gendarmerie, ce dernier en partage avec le cabinet militaire dans un équilibre tout en nuances. Le ministre avait compris l'intérêt politique de la tutelle sur la gendarmerie. Arme sociologiquement plutôt plébéienne, placée au cœur du territoire, agissant au contact permanent des élus, des pouvoirs publics locaux et des citoyens, elle représentait un enjeu politique qui dépassait le seul enjeu de sécurité intérieure. Nicolas Sarkozy l'avait évidemment perçu, en plaçant la gendarmerie sous son autorité fonctionnelle dans le cadre d'un dispositif sécuritaire regroupant deux forces de sécurité intérieure.

Le mode d'emploi de MAM était assez simple. On pouvait le résumer en deux mots : froid et fonctionnel. Une méfiance viscérale à l'égard des idéologies, sinon des idées elles-mêmes. Elle préférait se dire gaulliste pour ne pas avoir à sortir d'une ambiguïté plus confortable que la précision ou la rigueur. Souvent, elle privilégiait des approches délibérément incertaines sur le fond, mais qui avaient l'avantage selon elle et sans doute à juste titre d'être politiquement audibles. Ainsi vivions-nous « dans un monde dangereux », et l'ultra-gauche avait-elle « remplacé le parti communiste depuis son effondrement ».

Au fond, c'était une politique à l'ancienne, qui ne nouait pas de relations affectives avec son entourage, même si elle prétendait le contraire. Cela présentait bien des avantages. Je n'ai pas le souvenir, en sept ans, d'un seul éclat de voix. Elle pouvait sans doute parfois se montrer un peu sèche, mais je ne l'ai jamais vue prendre à partie un collaborateur, même en privé. De même ne s'est-elle jamais vraiment prêtée au jeu de la pipolisation. Un choix que je jugeais respectable, au moment où l'on commençait à voir poindre en France le concept américain de couple politique.

De la même façon, je n'ai jamais vu le ministre user de l'arme de la féminité ou du glamour lors de combats politiques. J'avais en revanche assisté, médusé, au numéro de charme de certains de ses interlocuteurs à son égard. Parmi eux, le patriarche orthodoxe Alexis II, qui, malgré ses fonctions religieuses et son âge, n'avait rien perdu de son talent de séducteur. Elle était restée de marbre face à ses effusions lors d'une rencontre à la résidence de l'ambassadeur de Russie. Si elle n'a jamais donné dans le féminisme, MAM était à juste titre convaincue que les femmes étaient les égales des hommes. Elle disait avoir été élevée ainsi, et a démontré par sa carrière que ses parents avaient raison. Une fois aux responsabilités, elle a elle-même nommé plusieurs femmes, et notamment le secrétaire général pour l'administration au ministère de la Défense, sans verser dans un discours de suffragette.

La réserve du ministre était légendaire, si bien que le jour où, à brûle-pourpoint, elle m'avait demandé où j'habitais, j'avais été pris au dépourvu. Je travaillais pour elle chaque jour depuis cinq ou six ans et elle n'avait jamais cherché à savoir où je vivais. Pour elle, le seul et unique critère pour juger de la qualité d'un collaborateur était l'efficacité. Elle n'attendait pas de nous qu'on l'admire, qu'on la réconforte, qu'on la protège : juste qu'on lui obéisse. Cela me convenait. Je ne me serais pas vu dans le rôle des conseillers de Nicolas Sarkozy dont le cabinet comptait parfois plus de disciples que de techniciens. Bien sûr, il était impossible d'échapper totalement au phénomène d'identification. A force de répéter toute la journée « le ministre dit », « le ministre veut », tout conseiller finit peu ou prou par idéaliser l'homme ou la femme politique qu'il sert. Il demeure une icône désincarnée et protégée.

Je n'ai jamais eu l'impression de faire partie d'un clan. J'étais un collaborateur sur qui elle pouvait compter et qui l'avait démontré dans des circonstances difficiles, mais en aucun cas un proche. Même avec Alexandre Jevakhoff, qui avait accompagné MAM pendant plus de huit années de ministère, on ne pouvait dire qu'elle formait un tandem politique. Il détonnait tant par son parcours que par son franc-parler dans le monde uniforme et lisse de la haute fonction publique. Cette différence était précieuse aux yeux du ministre qui recherchait souvent son point de vue décalé, et savait jouer de son audace pour monter à l'assaut de la citadelle de Bercy à l'heure des combats budgétaires.

La seule personne qui avait toute la confiance du ministre était son chef de cabinet, Ludivine Olive. Malgré son jeune âge, elle menait à la baguette les militaires de l'hôtel de Brienne ou à tout le moins le prétendait. Indépendante de toute coterie, d'une grande maturité politique, Ludivine jouait déjà les garde-chiourmes de Michèle Alliot-Marie lorsque celle-ci présidait le RPR. Elle l'a ensuite suivie dans ses différents postes ministériels, s'efforçant de la protéger des manipulations de son entourage, qu'il s'agisse du cabinet ou de l'administration. Comme son nom ne l'indiquait pas, elle était la nièce de Michèle Alliot-Marie. Pour cette dernière, la famille revêtait un caractère sacré jusques et y compris en politique. Son père, récemment disparu, avait toujours occupé une grande place dans sa vie. Homme du Sud-Ouest, il était devenu directeur à la Banque de France tout en se faisant connaître comme arbitre international de rugby. Elu député puis maire de Biarritz, il avait été écarté par sa propre majorité en 1991 à la faveur de règlements de comptes autour de controverses portant sur la rénovation du casino et la politique immobilière de la ville.

J'avais été surpris en apprenant par la presse que des investigations judiciaires portaient sur des dossiers où son nom était cité. En juin 2013, une enquête pour abus de confiance avait été ouverte par le parquet de Nanterre dans la foulée d'un signalement du service spécialisé en matière de lutte contre le blanchiment, Tracfin, faisant état de mouvements de fonds, 250 000 euros, entre des associations liées à l'office de tourisme de Saint-Jean-de-Luz et un hôtel de la localité basque appartenant aux Marie. L'alternance était intervenue, mais le signalement de Tracfin avait été fait sous le gouvernement précédent. Un cadeau laissé par quelque ami politique ? Probablement pas, même si la rumeur avait couru, Tracfin agissant, et ce, depuis longtemps, en toute indépendance, sur la base d'informations et de déclarations de soupçons effectuées par les banques. L'information n'a établi aucune infraction pénale dans ce dossier.

Quelques années auparavant, Bernard Marie avait créé la Fondation du bénévolat, dont l'objet consistait à proposer des contrats d'assurance-responsabilité aux dirigeants bénévoles d'associations. Une fondation qui avait vu le jour en 1994, quand sa fille était ministre de la Jeunesse et des Sports. Michèle

Alliot-Marie avait dans des conditions parfaitement légales accordé une subvention de 2,5 millions de francs, et réussi à convaincre Renault, EDF et diverses entreprises de financer le reste du projet.

En 2008, alors que sa fille était ministre de l'Intérieur, Bernard Marie fit soudain le siège de mon bureau et de mon secrétariat. L'homme était sympathique, enjoué et dynamique. Il voulait, si je comprenais bien le sens de sa requête, que le ministère, qui assurait la tutelle sur les fondations, l'aide à faire modifier les statuts de la Fondation du bénévolat pour lui donner un quasi-monopole dans le domaine de l'assurance-responsabilité des dirigeants bénévoles d'associations. Perplexe, je consultai deux collègues, membres de cabinets, dont un du Premier ministre, qui avaient eu à connaître de la question et qui me recommandèrent de ne pas donner suite. MAM, quant à elle, n'aborda jamais le sujet avec moi.

J'avais appris avec étonnement, comme tant d'autres sans doute, à la faveur du « printemps arabe » et de sa couverture médiatique que le ministre et sa famille avaient pu avoir des intérêts en Tunisie. Je savais qu'elle appréciait ce pays, où elle passait ses vacances et dont elle parlait souvent. Je riais parfois sous cape en les imaginant, elle et Patrick

Ollier, avec leurs grands amis Elie Semoun et Daniela Lumbroso, eux aussi inconditionnels de la destination. Je me demandais ce qui pouvait les rendre aussi proches. Mais nos enjeux politiques s'attachaient alors plutôt aux relations avec le Maroc, pour des raisons religieuses, l'islam en France étant majoritairement marocain, et avec l'Algérie, bien entendu, notamment pour des raisons de sécurité, ce pays étant l'un des alliés de la France dans la lutte contre le terrorisme. La Tunisie, à l'époque, n'était pas véritablement porteuse d'enjeux politiques forts.

Plus tard, son attachement pour la Tunisie avait conduit MAM à commettre une « erreur d'appréciation », ainsi qu'elle l'avait elle-même reconnu a minima, en ne voyant pas venir la révolte qui couvait de l'autre côté de la Méditerranée. Au début de l'année 2011, alors que survenaient les premières manifestations de grande ampleur en Tunisie, Michèle Alliot-Marie, ministre des Affaires étrangères, avait à l'Assemblée nationale justifié le soutien proposé par la France au président Ben Ali : « Nous proposons que le savoir-faire qui est reconnu dans le monde entier de nos forces de sécurité permette de régler des situations sécuritaires de ce type. » Une erreur en effet, pour un ministre des Affaires étrangères, d'autant plus grave que

MAM se disait gaulliste, et revendiquait l'héritage de la relation développée par Jacques Chirac avec le monde arabe. A cette faute politique se superposera une polémique révélée par *Le Canard enchaîné* concernant la relation personnelle de la famille Alliot-Marie avec le milliardaire tunisien Aziz Miled, un proche du clan Ben Ali. Le ministre avait en effet à deux reprises, en pleine Révolution du jasmin, pris place dans un jet privé appartenant à Aziz Miled. Plus troublant, ses parents étaient, eux, en relation commerciale avec l'homme d'affaires qui leur avait vendu quelques mois plus tôt des parts dans une SCI locale. Ce manque de discernement sur la Tunisie m'avait surpris, car l'une des forces de Michèle Alliot-Marie était la clairvoyance ou à tout le moins la prudence. Il devait lui coûter son poste au gouvernement, aucun membre de son cabinet n'étant susceptible cette fois d'endosser une responsabilité qui n'appartenait qu'à elle seule.

Elle était en effet lucide sur le monde politique, gouverné par les symboles et les rapports de force bien plus que par les convictions. Elle avait ainsi gagné la confiance des militaires non pas par de grands discours, mais en racontant qu'à la veille du défilé du 14 Juillet, craignant d'être ridicule, elle avait répété le pas de l'oie avec Patrick Ollier dans un couloir de leur maison.

MAM avait compris que la politique devait se limiter à quelques messages simples. Elle se disait donc gaulliste, parfois gaulliste sociale. Cette revendication, ce recours à cette référence aux contours contemporains incertains mais positivement connotée, lui permettait de se différencier de la branche plus néo-libérale, atlantiste de l'UMP sans que jamais cette distinction ait toutefois donné lieu à un affrontement philosophique ou programmatique au sein de son propre camp et encore moins à son initiative.

Elle avait ainsi encaissé sans broncher la réintégration de la France au sein du commandement intégré de l'OTAN, le virage atlantiste de la politique étrangère, la réduction drastique des objectifs de la loi de programmation militaire votée sous son égide ou encore le discours de Dakar. Ou si discrètement que personne ne s'en souvenait. Même lors des débats de 2006, lorsqu'elle se positionnait en vue de l'élection présidentielle de l'année suivante, je l'avais vue savamment éluder tout positionnement l'engageant sur sa vision en économie ou en politique étrangère. Avec raison sans doute, car cette posture floue mais rassurante lui permettait de développer une marque de fabrique un peu vintage – sans être démodée – grâce à laquelle elle a perduré sur l'échiquier politique pendant près de trente ans.

Si j'avais été déçu qu'elle ne monte pas au créneau au moment du discours de Dakar, alors qu'on pouvait attendre d'elle – en tant que gaulliste autoproclamée mais aussi comme universitaire connue et appréciée en Afrique, où elle avait travaillé à l'élaboration de nombreux textes constitutionnels – qu'elle se fasse le porte-drapeau d'une relation France-Afrique apaisée, je n'en avais jamais rien dit. A l'instar de bien des politiques, mais sans doute avec davantage d'orgueil et de raideur, le logiciel du ministre concernant la société politique était binaire : d'un côté les élus, une race à part, ointe du suffrage universel, et de l'autre, les fonctionnaires et collaborateurs de cabinet, souvent tenus pour des opportunistes voire des courtisans comme elle se laissera aller à le dire avec une rare élégance dans un magazine sur papier glacé. « Cessez de parler comme un préfet, comme un diplomate, comme un magistrat », disait-elle parfois à tel ou tel membre de son cabinet d'une voix métallique. Elle le faisait de manière ciblée, prenant soin de ne pas agresser un militaire au ministère de la Défense et encore moins un policier place Beauvau. Pourtant, il ne lui était jamais venu à l'idée de nous laisser exprimer notre position personnelle sur des questions politiques, pour la simple et bonne raison que nous n'avions à ses yeux aucune légitimité pour le faire. Nous suggérions, proposions, elle tranchait. Elle décidait, nous exécutions, selon l'axiome chiraquien. N'ayant pas la prétention de changer le monde ou plus modestement d'imprimer de mon empreinte la politique menée, cette situation d'exécutant de luxe me convenait. Elle devait me convenir, jusqu'au jour où, devant l'opinion puis le juge ordinaire, je devrais assumer seul une responsabilité qui manifestement excédait la place que j'avais occupée et qui brisait la cohérence du discours sur le positionnement respectif du politique et du fonctionnaire dans une société politique dite moderne, mais plus sûrement décadente.

On m'a présenté, après mes déboires, comme un personnage central de l'entourage de MAM. Moins pour me flatter que pour lui nuire, bien entendu.

Un conjuré ayant intrigué pour la mener au poste de Premier ministre, et n'ayant pas hésité à exploiter diverses affaires judiciaires pour éliminer un à un ses différents rivaux. Nicolas Sarkozy, d'abord, avec l'affaire Clearstream en 2005. Puis Eric Woerth, ministre du Budget et grand favori dans la course à Matignon, cinq ans plus tard. Cette version des faits visant à faire croire à un complot était sans doute commode dans le cadre d'une stratégie médiatique et judiciaire. Mais elle était fausse. Au ministère de la Défense, je m'occupais notamment du dossier de la gendarmerie. Au-delà des aspects organiques et juridiques de la gendarmerie qui avaient peu d'intérêt politique, une grande partie de l'énergie du ministre et de son cabinet était consacrée à contrer les visées hégémoniques du ministère de l'Intérieur sur cette force de sécurité relevant de la tutelle du ministre de la Défense.

Plus tard, alors que j'avais suivi le ministre à l'Intérieur, je m'étais vu notamment confier la gestion des relations avec les cultes dans une période un peu particulière, puisque Nicolas Sarkozy avait fait de la « laïcité positive » un projet politique. Nul ne savait exactement en quoi cela consistait, sauf à entretenir des relations apaisées avec les cultes présents sur le territoire français et tenter d'aplanir certaines de leurs difficultés de fonctionnement, à loi de 1905 constante. Fidèle à sa communication simple et non dénuée de bon sens, le ministre disait souvent : « Pour moi la laïcité, c'est le curé de Saint-Jean-de-Luz et le maire, allumant ensemble les feux de la Saint-Jean. »

La réalité était plus complexe. Chaque culte revendiquait à juste titre une autonomie, voire une indépendance que nul au sein des pouvoirs publics ne songeait à lui contester. Tous étaient néanmoins attachés au maintien et au développement de leurs relations avec l'Etat. Selon la formule consacrée : « L'Etat ne reconnaît aucun culte, mais il les connaît tous. » Un dignitaire franc-maçon m'avait même glissé une formule en vue d'un discours du ministre : « La République est laïque, elle n'est pas athée. » L'Eglise catholique disposait depuis le gouvernement Jospin d'une instance de dialogue qui se réunissait chaque année sous la présidence du Premier ministre. Le Consistoire central entretenait des relations étroites et quotidiennes avec toutes les autorités de l'Etat. Il fallait toutefois veiller à évoquer avec le CRIF les questions cruciales et de caractère général relatives à la sécurité, notamment après l'opération « Plomb durci » en Palestine, et celles relatives au culte avec le Consistoire central, représenté par son président et le grand rabbin de France.

Le culte protestant, majoritairement représenté par la mouvance évangélique, et les orthodoxes étaient demandeurs de relations qui marquent une reconnaissance symbolique de leur présence et de leur dynamisme en France. Je découvrais la rivalité plus politique que théologique qui opposait les deux principaux courants orthodoxes. Le patriarcat œcuménique de Constantinople qui représentait l'orthodoxie grecque et celle des descendants des Russes blancs chassés de leur pays en 1917. Celui de Moscou, qui fédérait les Russes et nombre de leurs voisins. Je constatais à quel point Eglise et pouvoir politique étaient liés en Russie. En témoignait l'intervention qu'avec succès Vladimir Poutine avait faite pour obtenir de l'Etat la vente d'un terrain quai Branly pour y construire une cathédrale et un complexe culturel.

L'essentiel consistait à veiller quotidiennement, presque en régie directe, au fonctionnement même minimaliste du Conseil français du culte musulman, paralysé par la question des nationalités et le poids des Etats de tradition musulmane. Le Bureau central des cultes et son chef en assuraient la gouvernance *in partibus*. Aucune des grandes questions, à ce jour toujours pendantes telles que la formation des imams, le déploiement des aumôneries ou la construction des lieux de culte, n'avait trouvé de réponse au sein de cette institution. L'Etat avait pris seul quelques initiatives face à ces défis.

L'attente créée par le discours sur la laïcité positive et la diversité des interlocuteurs cultuels requéraient une disponibilité extrême du ministre des cultes. La laïcité positive avait constitué un très bel argument de campagne pour s'adresser à tous les croyants, en enjambant les clivages politiques. Elle n'avait plus grand sens une fois confronté à l'épreuve du pouvoir. La gestion politique de la question musulmane avait emporté les élans lyriques des discours de Latran et de Riyad.

Une fois encore, la conquête du pouvoir l'emportait sur son exercice.

Un jour, MAM avait été invitée à prendre la parole par la Fédération protestante de France à l'occasion du 450e anniversaire de la naissance de Calvin. Le propos était délicat, il fallait évoquer la liberté... Evoquer la liberté religieuse au temps de la Réforme. Présenter le père de la Réforme comme un esprit libéral. Eviter d'évoquer les excès de la république de Genève qui eux-mêmes faisaient suite à tant d'autres exactions et persécutions. Montrer que la liberté religieuse était encore fragile aujourd'hui. Retenu au Parlement, le ministre se décommanda à la dernière minute. A la demande de nos hôtes et contrairement aux usages voulant que les honneurs et privilèges ne se délèguent pas, je lus donc son message, intimidé, en présence de grandes figures politiques issues du protestantisme comme Michel Rocard ou Pierre Joxe.

Pour ses discours comme pour le reste, Michèle Alliot-Marie ne prisait guère la fantaisie. Ainsi ses interventions devaient-elles impérativement être rédigées sur des fiches cartonnées d'un demi-format A4, en police Times New Roman corps 16, avec interligne 1,5. Démonstration, s'il en fallait, de cette extraordinaire capacité qu'ont les politiques à privilégier la forme sur le fond. La modélisation et la normalisation du discours jouant un rôle de réducteur d'incertitudes et d'inquiétudes.

Je n'ai gardé que peu de souvenirs marquants des sept années passées dans l'ombre de MAM, comme si l'absence de liens personnels m'avait fait agir mécaniquement.

Bien sûr, il nous était arrivé, avec quelques camarades de cabinet, de nous interroger à haute voix sur ce qu'il adviendrait de nous en cas de mise en cause publique ou judiciaire, comme pour conjurer un sort dont nous savions qu'il était de l'ordre du possible. Nous étions certains, et moi le premier, que nous ne pourrions compter que sur nous-mêmes si, un jour, une difficulté sérieuse venait à surgir. Les exemples passés étaient nombreux et concordants : la fidélité n'était pas la vertu première de nos employeurs. Le ministre ne se distinguait pas sur ce point de ses collègues. Nous savions que, ministre de la Jeunesse et des Sports en 1994, MAM avait accordé sans sourciller la tête de l'un de ses plus fidèles conseillers à Edouard Balladur lorsque ce dernier l'avait exigée. Ce collaborateur était pourtant l'un des rares à avoir cru en elle quand elle s'était lancée dans la campagne pour prendre la présidence du RPR quelques années plus tôt.

J'avais constaté à mes propres dépens qu'elle n'avait pas la reconnaissance facile. C'était en mai 2009. Un poste modeste, celui de procureur au tribunal aux armées, qui m'intéressait depuis que j'en avais suivi l'activité au ministère de la Défense, s'était libéré. A ma demande, Michèle Alliot-Marie, qui savait que j'étais candidat, me reçut dans son bureau de ministre de l'Intérieur, sur la terrasse en teck qui dominait le jardin, en contrebas duquel était installée la crèche destinée aux enfants de certains des membres du ministère de l'Intérieur depuis Nicolas Sarkozy. Elle m'entretint longuement de la question des cultes, m'interrogeant sur les dissensions au sein des différentes composantes de l'islam en France, à la veille de l'élection du CFCM. En toute fin d'entretien, elle aborda enfin la question qui en était pourtant l'objet initial : « Ce serait intéressant pour vous mais ce n'est pas le bon moment. On est là pour longtemps, vous savez. » Elle plus que moi, dirais-je aujourd'hui. J'étais entré à son service en claudiquant, j'en sortirais sur mes deux jambes, mais amputé de mes dernières illusions.

CHAPITRE 4

Clearstream, cabinets noirs
et coups tordus

*La vengeance déguisée en justice, c'est
notre plus affreuse grimace.*

FRANÇOIS MAURIAC,
Bloc-notes

Imperméable mastic à la Columbo, cheveux
nettement plus longs que la moyenne des dirigeants des entreprises du secteur de l'armement, regard perdu dans le vide, démarche
rapide, comme traqué par un ennemi invisible. Pas de doute, c'est bien Jean-Louis Gergorin, le bras droit de Jean-Luc Lagardère
chez EADS, que je venais d'apercevoir dans
les couloirs du ministère de la Défense. Je
reconnaissais l'homme croisé vingt ans plus
tôt, lorsque j'étudiais à Sciences-Po. Il y dis-
pensait alors un cours de stratégie et relations
internationales, qui était pour lui l'occasion
de refaire le monde juste avant la fin d'une
guerre froide dont il n'avait pas su percevoir

l'issue. C'était en 2004, et l'un de mes camarades de la faculté de droit, commissaire de police dans les services de renseignement, m'avait répété une rumeur des plus intrigantes. Jean-Louis Gergorin aurait été mêlé à une mystérieuse histoire de fichiers informatiques contenant des révélations explosives, qu'il aurait fait passer à la justice de manière anonyme. Je ne pus m'empêcher d'aller tester Philippe Marland, le directeur du cabinet civil et militaire, et par conséquent mon supérieur hiérarchique. « Savez-vous, lui dis-je à brûle-pourpoint, qui je viens de croiser dans les coursives du cabinet ? Jean-Louis Gergorin. Il paraît que c'est lui le corbeau. » Pourtant pas du genre émotif, féru de renseignement, le préfet me demanda alors, un peu embarrassé : « Qui vous a raconté cela ? » Je sortis du vaste bureau contigu à celui du ministre, évidemment sans lui avoir livré ma source, content de moi comme un gamin qui vient de faire un mauvais coup. Je n'avais aucune idée que ce qui n'était alors qu'une anecdote colportée avec gourmandise deviendrait une affaire d'Etat. Pas plus que je n'imaginais une seconde m'y retrouver un jour mêlé, content que j'étais d'être un peu dans le secret des dieux.

J'oubliai cet épisode jusqu'à ce que, quelques semaines plus tard, *Le Point* sorte avec, en une, ce titre fracassant : « Frégates : l'affaire d'Etat qui fait trembler toute la classe politique. » Dans son édition datée du 8 juillet 2004, l'hebdomadaire revenait sur des informations déjà publiées en 2001 par le journaliste Denis Robert dans son livre *Révélation $*[1], faisant état d'un circuit de blanchiment mis en place via la chambre de compensation luxembourgeoise Clearstream. L'article du *Point* mentionnait plusieurs numéros de comptes supposés appartenir à des personnalités ayant touché des commissions occultes suite à la vente des frégates de Taïwan. Il révélait aussi, pour la première fois, la présence dans cette liste de ministres et d'anciens ministres, sans toutefois donner de noms. Je remettais alors en perspective les allusions faites à ce sujet par mon ami, sans toutefois me sentir concerné par ce scandale. A l'époque, rien ne semblait, même indirectement, relier cette information à Michèle Alliot-Marie ou à son cabinet. L'article du *Point* donnait l'impression d'une affaire très politique, visant essentiellement Nicolas Sarkozy et ses proches, et nulle part il n'était fait mention du nom du général Rondot ou de membres du cabinet du ministre.

En poste à la Défense depuis 2002, le ministre traçait son sillon, dans une période

---

1. Les Arènes, 2001.

budgétaire particulièrement faste grâce à une loi de programmation militaire généreuse, tout en continuant à rêver de Matignon, voire de la présidence en 2007. Ces ambitions, dont elle ne se cachait guère, en faisaient une adversaire, une cible pour le ministre des Affaires étrangères Dominique de Villepin, mais aussi pour son frère ennemi du ministère de l'Intérieur, Nicolas Sarkozy. En dépit des apparences, la droite n'avait pas réussi à panser ses blessures de 1995 et restait divisée entre balladuriens devenus sarkozystes et chiraquiens. S'il y avait eu un semblant de réconciliation avec la nomination de Nicolas Sarkozy comme secrétaire général du RPR après la dissolution de 1997, elle n'était que de façade. Nommé à l'Intérieur en 2002 avec le soutien de Dominique de Villepin, le maire de Neuilly semblait être sorti de sa traversée du désert. Mais en coulisse, le climat restait délétère. Son style en rupture et ses critiques incessantes agaçaient Jacques Chirac. A cela s'ajoutait la rivalité directe entre Dominique de Villepin et Nicolas Sarkozy, tous deux en pole position dans la course à l'Elysée qui s'amorçait. Les deux écuries attendaient le faux pas de l'adversaire. Quitte à le provoquer ?

Dans ce contexte, le listing Clearstream, dont on apprenait assez vite qu'il contenait le nom de Nicolas Sarkozy au travers du patronyme Nagy-Bocsa, tombait à pic. Trop sans doute. Mais à l'époque, impossible de suspecter une machination. D'autant que si MAM avait quelques clés de compréhension, elle se gardait bien de les livrer à quiconque.

Je ne commençai à saisir les véritables enjeux de l'affaire Clearstream que bien plus tard, en 2006. A ce moment-là, Nicolas Sarkozy avait acquis la certitude que son nom – comme celui de DSK ou d'autres personnalités – avait été ajouté dans les fichiers. Il portera plainte pour dénonciation calomnieuse et se constituera partie civile, espérant sans doute que l'enquête remonterait aux chiraquiens et balaierait Villepin de son chemin. L'information judiciaire ouverte dans la foulée menait les juges d'Huy et Pons au cœur d'un nid d'espions. Très vite, les enquêteurs saisirent les carnets du général Rondot, soigneusement rangés dans une armoire forte de son appartement. Dans ses carnets de moleskine noire, le militaire avait écrit avoir été l'agent traitant de l'informaticien Imad Lahoud, un ancien employé d'EADS proche de Jean-Louis Gergorin, qui lui avait remis plusieurs listings extraits de la base informatique Cleastream. Le militaire graphomane mentionnait également l'existence d'une réunion concernant l'opération « Reflux », nom de code du dossier Clearstream, le 9 janvier 2004 au Quai d'Orsay. D'après ces carnets, trois personnes étaient présentes, outre le général : Jean-Louis Gergorin, le ministre Dominique de Villepin et un invité mystère dont le nom était resté secret. L'hypothèse selon laquelle il pouvait s'agir d'un proche collaborateur de Dominique de Villepin, curieusement resté hors champ dans l'affaire Clearstream, n'avait jamais été sérieusement explorée au cours de l'enquête. Aucun de ses conseillers n'avait, à ma connaissance, été interrogé ou inquiété. Pas même son homme de confiance, par la suite son directeur de cabinet à Matignon, Bruno Le Maire, qui deviendra député puis ministre dès mai 2007. Il demeure aujourd'hui possible et même vraisemblable que Dominique de Villepin ait à ce point cloisonné son cabinet et la cellule avec laquelle il travaillait, qu'en effet son principal collaborateur n'ait pas été associé aux investigations. Le ministre avait su protéger son cabinet…

Sans nul doute très habile – et très prudent –, l'homme est l'un des rares politiques à être passé de la Chiraquie à la Sarkozie sans avoir eu à renier ses anciennes amitiés.

MAM, dont Villepin se méfiait, n'assistait évidemment pas à la réunion du 9 janvier. Pourtant, c'est elle qui, plus tard, se retrouvera dans le radar des juges. En 2004, au moment où les fichiers avaient été supposément falsifiés, le général Rondot relevait du ministère de la Défense, donc de son autorité. Rattaché directement au ministre avec le titre de « conseiller pour le renseignement et les opérations spéciales », il était, d'après l'organigramme officiel, membre du cabinet de Michèle Alliot-Marie, hors hiérarchie toutefois. Une manière administrative de dire qu'il ne rendait compte à personne, à part peut-être au ministre et à son directeur de cabinet. Personne n'avait affaire à lui mais on le croisait parfois rasant les murs de l'hôtel de Brienne, au sens propre du terme. Il avait pour tout collaborateur une jeune femme qui était présentée comme sa nièce. A l'un de mes camarades qui, récemment arrivé au cabinet, avait pris l'initiative de se présenter à lui conformément aux usages, Rondot avait répondu assez sèchement ne pas en voir l'utilité pratique, étant donné qu'il n'était pas amené à avoir de relations professionnelles avec quiconque au sein du cabinet. Homme de terrain et fin analyste, à tout le moins présenté comme tel, le général avait eu son heure de gloire en 1994, lorsqu'il avait, disait-on, capturé le terroriste Carlos au Soudan. Il se murmurait également que le militaire était intervenu dans la libération des otages français au Liban, mais qu'il n'était pas parvenu à empêcher le massacre de Tibhirine.

Au cabinet, nul ne savait exactement ce qu'il faisait. Nous supposions qu'il apportait son expertise de spécialiste du monde arabe, dont il parlait la langue, et qu'il faisait le lien entre la DGSE, le service de renseignement extérieur de la France, et les autres services de renseignement, notamment la DST où il avait un temps servi. En mai 2002, quand Michèle Alliot-Marie avait remplacé le socialiste Alain Richard au ministère, il était déjà là, sans doute placé par Jacques Chirac et Dominique de Villepin. La petite histoire, celle que MAM laissait raconter, peut-être à raison, disait qu'elle avait essayé en vain de se débarrasser de l'encombrant général imposé par l'Elysée. Elle n'avait de toute évidence aucune affinité avec lui, ses mines et son ton de conspirateur, sa manie de parler à voix basse en recourant aux acronymes ayant le don de l'exaspérer. Il illustrait une dérive récurrente de la vie politique française, consistant à confier des missions de renseignement à des hommes agissant à l'écart des institutions à qui elles étaient normalement confiées, en dehors de tout contrôle.

Les juges d'instruction, que personne n'avait pris soin d'informer de ces subtilités aux confins de la psychologie et de la politique – s'étaient-ils seulement interrogés ? –, avaient constaté que le général Rondot émargeait au cabinet du ministre de la Défense, et en avaient assez logiquement déduit que le ministre était forcément l'une des pièces maîtresses de l'opération « Reflux ».

Le 13 avril 2006 au matin, les magistrats se présentèrent à l'hôtel de Brienne pour le perquisitionner. Un quart d'heure plus tard, je recevais un appel téléphonique du conseiller pour la justice de Villepin à Matignon. Sans ambages, il me lança : « Ça y est, ils sont chez vous ? » Sa question semblait indiquer qu'il était informé en amont, ce qui n'était apparemment pas le cas du cabinet du garde des Sceaux, à moins que ce ne fût un stratagème de sa part pour m'en donner l'impression.

MAM n'était pas présente à l'hôtel de Brienne ce matin-là. Or, conformément à la loi s'appliquant aux établissements militaires, il fallait son autorisation pour procéder à la perquisition. Informée par téléphone, elle la donna, arguant qu'elle « n'avai[t] rien à cacher ». Je servis de témoin avec le chef de cabinet, condition *sine qua non* pour que la perquisition puisse avoir lieu. Les enquêteurs commencèrent par passer le bureau du ministre au peigne fin.

Les juges s'attendaient peut-être à trouver un dossier avec « Clearstream » inscrit en lettres majuscules sur la couverture. Ils en furent pour leurs frais. Les membres du gouvernement conservaient très peu de documents dans leur bureau et leur ordinateur. Le ministre ne se servait pas de l'outil informatique, contrairement à nombre de ses collègues. Prudence ou conservatisme, je n'ai jamais su.

Ce vide apparent laissa perplexes nos visiteurs, qui pensaient sans doute trouver des piles de pochettes de couleur intitulées « Etat-major », « Réforme de la gendarmerie » ou encore « Budget 2004 ». Un brin dépités, juges et policiers demandèrent à voir le bureau du directeur de cabinet, contigu à celui du ministre. Ils y passèrent une grande partie de la matinée, ouvrant le coffre et fouillant les dossiers. Ils visitèrent ensuite mon bureau, et enfin celui du général Rondot, qui avait, entre-temps, quitté le ministère. Ils y dénichèrent un fonctionnaire nouvellement arrivé, ignorant tout du dossier et bien incapable de leur livrer le moindre document du maître espion. Nullement découragés par leur maigre moisson, magistrats, greffiers et enquêteurs s'installèrent pour la pause-déjeuner à la table de réunion du directeur de cabinet, pour un pique-nique improvisé.

De cette perquisition en tir groupé de nos quatre bureaux, avait germé l'idée un peu simpliste, mais tellement pratique politiquement, qu'il existait chez MAM un cabinet noir, cellule secrète œuvrant à la déstabilisation de Nicolas Sarkozy. A tout juste un an de l'élection, et chez tous les présidentiables, les esprits commençaient à s'échauffer. Je pense aussi que certains avaient opportunément soufflé sur les braises. Est-ce un hasard si, dans les jours qui ont suivi la visite des juges, est apparue sur Internet une page Wikipedia à mon nom ? Elle recelait peu d'informations, mais mentionnait la toute récente perquisition de mon bureau, laissant entendre que je serais impliqué dans l'affaire Clearstream. La même main innocente, ou une autre, a pris soin, depuis, de compléter la notice.

En première ligne, car injustement mais directement visée par la justice, MAM surjouait habilement les victimes. Certes, la présence du général Rondot à son cabinet faisait mauvais genre. Dans le même temps, la mention du nom de son compagnon Patrick Ollier dans une note et dans les carnets découverts par les juges, présenté comme potentiel titulaire d'un compte Clearstream, tout en faisant état de ses relations avec la Libye, la dédouanait. Elle adopta donc la posture de la victime outragée : «Je suis moi-même visée par les opérations de déstabilisation qui touchent un certain nombre de politiques à travers mon conjoint. Si j'étais mégalo je me dirais que cette perquisition et l'écume médiatique autour ont quelque chose à voir avec ma place sur l'échiquier politique », lança-t-elle le 4 mai 2006, sur le plateau du 20 heures de France 2. La réalité était un peu différente. L'enquête révéla en effet que dès la fin 2003, avant même la réunion du Quai d'Orsay, le général Rondot avait attiré l'attention de son officier traitant à la Défense, Philippe Marland, le directeur de cabinet de Michèle Alliot-Marie, sur une potentielle affaire Clearstream. Il lui avait dit être en possession d'une liste de possibles titulaires de comptes secrets remise par Gergorin. Homme prudent et avisé, Philippe Marland avait rendu compte immédiatement au ministre, dans deux notes retrouvées en perquisition dans le bureau de MAM. Dans ce fichier, qui ne comptait, disait-on, qu'une trentaine de noms, figuraient plusieurs personnes liées au ministère de la Défense ainsi qu'au secteur de l'armement. Parmi eux, Alexandre Jevakhoff, le conseiller budgétaire de Michèle Alliot-Marie, de fait numéro trois du cabinet. Craignant des faits de corruption dans son entourage, du moins était-ce la version distillée pour justifier sa démarche prudentielle, elle avait alors demandé à ce que des vérifications soient faites. Confiée au général Rondot, l'enquête administrative avait pour but, officiellement, de faire la lumière sur l'implication de membres haut placés de la Défense dans un système de corruption et de blanchiment. MAM avait-elle des arrière-pensées politiques lorsqu'elle avait mandaté Rondot pour approfondir le sujet ? Les investigations portaient-elles sur d'autres que les proches ou membres du ministère ? La preuve n'en a jamais été apportée et je n'ai jamais eu de doutes sur ce point. MAM dira n'avoir été informée que début 2004, et par la presse, de la présence de personnalités politiques sur une autre liste. Si on lui avait apporté la preuve que Nicolas Sarkozy faisait partie d'une liste falsifiée d'hommes politiques corrompus, je ne doute pas qu'elle en aurait fait bon usage, en prévenant celui-ci. Mais les investigations menées par le général n'avaient pas fourni d'éléments allant dans ce sens, au contraire, elles avaient conclu à un manque de crédibilité des fichiers, probablement falsifiés.

Avec le recul, je m'interroge. Soit les accusations de Gergorin étaient vraies ou vraisemblables et des personnalités politiques ou non – dont Nicolas Sarkozy – avaient utilisé Clearstream pour blanchir de l'argent gagné illégalement. Dans ce cas, il y avait des indices quant à un délit et il fallait le dénoncer. Soit il s'agissait de faux documents, et il fallait alors entamer une procédure contre les auteurs de

la liste pour faux, usage de faux et dénonciation calomnieuse. C'est d'ailleurs ce que les
juges avaient d'une certaine manière reproché
à l'ancienne présidente du RPR : pourquoi
avoir vérifié et n'en avoir tiré aucune conclusion ? Le ministre ne m'a jamais dit sa vérité,
même quand, avec plusieurs autres membres
de son cabinet, nous avons préparé son audition comme témoin. Dans un improbable
jeu de rôle, j'incarnais face au ministre, sans
conviction excessive, un juge d'instruction un
peu agressif, qui la malmenait. Face aux vrais
magistrats, les choses se passèrent bien, son
statut de simple témoin n'étant jamais remis
en cause tout au long de la procédure.

Après cela, elle n'est jamais revenue sur le
fond de l'affaire et je ne lui ai jamais posé de
questions. Sa vérité était forcément la mienne.
Pas plus que je n'avais interrogé mes parents
sur un certain nombre de vérités familiales
que l'on m'avait assenées au cours de mon
enfance, je n'avais été en situation de demander à MAM ce qu'elle savait vraiment. Ce
mélange de complaisance et d'aveuglement
– qui m'avait fait croire qu'un subordonné
ne pouvait questionner, voire mettre en doute
l'action de son supérieur hiérarchique avait
été, à la réflexion, mon principal tort durant
ces années de cabinet.

J'ignore donc pourquoi le ministre, qui dès 2005 avait eu en sa possession des éléments prouvant que les listings étaient faux, n'avait pas porté plainte ou dénoncé les faits au parquet. Dans le fichier figuraient des noms de personnes qui lui étaient plus ou moins proches, des industriels de l'armement, quelques généraux en seconde section. Peut-être avait-elle craint de leur porter préjudice si elle judiciarisait et par conséquent médiatisait l'affaire alors que celle-ci pouvait demeurer secrète ? Par ailleurs, n'étant pas pénalement obligée de faire un signalement à la justice dans le cadre de l'article 40 du code de procédure pénale, elle avait sans doute jugé dangereux de se mettre Dominique de Villepin à dos. L'ex-secrétaire général de l'Elysée, désormais Premier ministre d'un Jacques Chirac très affaibli politiquement et physiquement, était alors au faîte de sa puissance. Malgré son extrême prudence, MAM n'avait pas vu venir le retournement de situation. Et quand plus tard Dominique de Villepin s'était retrouvé pris à son propre piège, soupçonné par la justice de « complicité de dénonciation calomnieuse » pour avoir accordé du crédit à un document truqué, elle n'avait pas échappé au règlement de comptes. Je ne pense pas que les sarkozystes aient été dupes de son rôle, mais cela les arrangeait politiquement de faire de cette adversaire l'une des conjurées de l'affaire Clearstream.

Pour se dédouaner, MAM s'était rapprochée de la presse. On avait alors vu apparaître quelques nouvelles têtes au ministère de la Défense, jusque-là chasse gardée des journalistes spécialistes des questions militaires. L'heure était plus que jamais à la politique. MAM voulait absolument faire passer le message selon lequel les investigations menées par Rondot avaient en réalité été commanditées par Dominique de Villepin et que ce dernier, maître d'œuvre du projet, cherchait à se défausser sur elle. Une thèse que défendaient notamment Gérard Davet et Hervé Gattegno, persuadés de tenir avec Clearstream le grand scandale de la décennie, vingt ans après l'affaire du *Rainbow Warrior*. Je me souviens d'avoir croisé à cette époque les deux enquêteurs du *Monde* dans les antichambres de l'hôtel de Brienne, sans jamais assister aux entretiens qu'ils avaient avec le ministre.

A cette époque, j'échangeais souvent avec Jean-François Gayraud, un ami que j'avais gardé de mes années universitaires. Commissaire en poste à la DST, chargé de la lutte contre les risques économiques, il était l'un de ceux qui connaissaient le mieux les méandres de cette affaire sinueuse, même s'il n'avait pas officiellement la responsabilité des investigations sur la chambre de compensation luxembourgeoise et ses mystérieux comptes. Un de ses collègues, chef de la division B3, était en charge des investigations portant sur Clearstream. Mais Jean-François Gayraud en savait beaucoup grâce à l'un de ses correspondants, très proche de Gergorin.

Les investigations judiciaires ont révélé qu'en juillet 2004, une note synthétisant les résultats d'une enquête rapide de la DST avait été remise au Premier ministre. Elle était signée Pierre de Bousquet de Florian, le patron du renseignement intérieur. Celui-ci, s'il affirmait sans détour que les informations sur les comptes étaient fausses, se montrait plus elliptique quant au rôle joué par Dominique de Villepin et Jean-Louis Gergorin dans la machination. Une prudence qui s'imposait mais que Nicolas Sarkozy n'a jamais pardonnée à la DST. Il s'est murmuré que Jean-François Gayraud était le véritable rédacteur de la note, ce dont, à juste titre, il s'était toujours défendu.

J'ai su par la suite que ce soupçon lui avait valu bien des tracas. A l'arrivée de Bernard Squarcini à la tête de la DST en juillet 2007, le commissaire quitta brutalement le service. Jean-François Gayraud ne s'est jamais montré très disert sur les vraies raisons de cette mise à l'écart. La discrétion est une condition de longévité dans le monde où il gravitait. Mais le livre de Pierre Péan, *La République des mallettes*[1], lève une partie du voile sur le mystère de sa disgrâce. Dans son ouvrage, le journaliste donne une explication à la placardisation soudaine de Jean-François Gayraud.

En 2002-2003, le jeune commissaire, qui étudiait les nouvelles menaces susceptibles de déstabiliser les entreprises françaises, travaillait sur les intermédiaires et leur rôle dans les grands contrats à l'étranger, notamment dans le domaine de l'armement. Il s'intéressait particulièrement à un certain Alexandre Djouhri, proche de certains membres des services de renseignement et notamment de Bernard Squarcini qui, en tant que préfet délégué à la sécurité à Marseille, avait émis à son profit une attestation de virginité de son casier judiciaire, et qui se présentait à partir du milieu des années 1990 comme le relais indispensable des politiques, des dirigeants de certaines entreprises du CAC 40 auprès des pays du monde arabe. Ses investigations terminées, Jean-François Gayraud prévint sa hiérarchie que ce personnage au passé et aux fréquentations parfois troubles était à éviter. Loin d'en être remercié, il devint, selon Pierre Péan, la cible d'une cabale orchestrée par Henri

---

1. Fayard, 2011.

Proglio, le PDG de Veolia – l'un des patrons proches de Djouhri –, ainsi que par plusieurs officines dites d'intelligence économique gravitant alors dans la galaxie chiraquienne

Le numéro deux des RG, Bernard Squarcini, savait que Gayraud avait identifié ses liens avec Djouhri au début des années 2000. Squarcini redoutait-il que ce lien puisse nuire à sa future carrière ? Mauvaise pioche pour le commissaire Gayraud. Car en 2007, ses adversaires d'hier, qui avaient tous retourné leur veste et rejoint le camp sarkozyste, étaient plus en cour que jamais à l'Elysée. Nommé patron de la DST puis de la DCRI, Squarcini présentait Jean-François Gayraud comme la cheville ouvrière du complot qui visait à déstabiliser son nouveau patron. Une habile façon de dissimuler l'identité des véritables auteurs de la manipulation Clearstream : non pas des professionnels de terrain comme Gayraud, mais des hommes rompus aux coups tordus, gravitant dans la galaxie de Djouhri.

Le patron de la DCRI m'avait-il déjà dans son viseur à ce moment-là ? Ses agents de renseignement ont facilement fait le lien entre Jean-François Gayraud et moi. L'un d'entre eux appartenait au cabinet même de MAM. Amis de longue date, nous avions écrit ensemble un ouvrage sur le terrorisme en 2001[1]. Cela ne voulait rien dire, bien entendu. Mais cela ne leur avait pas échappé. Je devenais une nuisance potentielle. Le clan agissait en fonction d'une règle simple, celle-là même qui sert aux enfants pour apprendre les opérations de calcul à l'école primaire : « Les amis de mes ennemis sont mes ennemis. » Par ailleurs, les apparences ne jouaient pas en ma faveur. Ma proximité réelle ou fantasmée avec le ministre faisait de moi un suspect. D'autant qu'après la perquisition au ministère de la Défense, j'avais été institué gardien des scellés contenant les documents classés secret défense. J'avais donc la responsabilité des documents classifiés saisis par les juges dans l'affaire Clearstream, dans l'attente de leur exploitation par la Commission consultative du secret de la défense nationale, chargée de donner un avis sur la déclassification. Plus tard, lorsqu'il faudra briser les scellés, je présiderai la petite réunion ad hoc au ministère de l'Intérieur, où j'avais suivi MAM en 2007. Ce jour-là, hormis Dominique de Villepin, qui s'était fait excuser, la quasi-totalité des personnes mises en examen étaient présentes, comme le voulait la procédure. Cela avait peut-être suffi à faire de moi un intéressant second rôle pour le mauvais polar de l'affaire Clearstream.

---

1. *Le Terrorisme*, PUF, 2001.

CHAPITRE 5

Bienvenue en Sarkozie

Ce que je découvris avec le plus de stu-
peur dans mes contacts fugaces et subal-
ternes avec la politique pratique, ce n'est
pas tant son immoralité que la médiocrité
de son immoralité.

JEAN-FRANÇOIS REVEL,
Le Voleur dans la maison vide

A peine les cendres de l'affaire Clearstream avaient-elles eu le temps de refroidir, que déjà se profilait en 2007 l'échéance présidentielle tant redoutée par la droite. Anesthésiée par la fougue volontariste de Nicolas Sarkozy, cette dernière était parvenue à oublier temporairement ses divisions et jouait l'union sacrée. Le soir de l'élection, c'est depuis l'hôtel de Brienne que je découvris le nom du nouveau président, en même temps que Michèle Alliot-Marie et son équipe au grand complet. La victoire de Nicolas Sarkozy proclamée, le cabinet se propulsa à travers les jardins des Tuileries pour rejoindre la place de la Concorde, où se tenait la soirée de la célébration de la victoire organisée par l'UMP. Non loin du podium, nous retrouvâmes deux hauts responsables de services de police dont un de police judiciaire. Je pensais en mon for intérieur que le devoir de réserve au sein de l'administration n'était décidément plus ce qu'il était. Tout fonctionnaire ou conseiller a évidemment une opinion politique, mais la tradition veut qu'on la garde pour soi, surtout un jour d'élection présidentielle.

Sur scène, tous les soutiens du chef de l'Etat, y compris ses adversaires d'hier, étaient rassemblés pour fêter l'événement. MAM la chiraquienne, bien que fraîchement ralliée à la cause sarkozyste, était de la partie. A l'arrivée de Cécilia Sarkozy, elle s'intercala entre cette dernière et son mari pour joindre leurs mains. Une union symbolique dont je ne comprendrais que plus tard la portée. A l'époque, nous n'avions pas idée du drame personnel qui se jouait derrière l'euphorie générale.

Quelques jours plus tard, MAM apprenait officiellement qu'elle était nommée ministre de l'Intérieur. Le président ne lui avait pas tenu rigueur de sa vraie-fausse concurrence dans la course à l'Elysée. Chacun avait tiré parti de cette mascarade. L'un en faisant croire à une fausse concurrence et en fédérant son camp, l'autre en monnayant son ralliement et en vendant avec une marge son petit capital social-gaulliste. En 2006, profitant de l'élimination de Dominique de Villepin, elle avait créé son micro-parti, le Chêne, afin de fédérer les électeurs gaullo-chiraquiens en vue d'une éventuelle candidature. Les bureaux du mouvement avaient été installés boulevard Saint-Germain, non loin de là où Ségolène Royal localisera plus tard la « Fabrique », son QG de campagne. Loin d'irriter Nicolas Sarkozy, l'irruption de MAM dans la bataille pour la présidence l'arrangeait. Cette candidature surprise ne lui faisait pas d'ombre, elle lui permettait au contraire d'émerger au terme d'un simulacre de primaire, puis, dans les mois précédant le scrutin, de se poser en rassembleur de la droite. Une revanche incroyable pour celui qui avait été accusé de trahir son camp en 1995. Réduite au rôle de faire-valoir du ministre de l'Intérieur, Michèle Alliot-Marie était exhibée tel un trophée par le favori lors de certains de ses déplacements, notamment en Corse chez Camille de Rocca Serra. Elle ne s'en plaignait pas. Ce jeu de rôle lui permettait de continuer à exister sur l'échiquier politique et d'obtenir l'un des rares postes dévolus aux chiraquiens dans le nouveau gouvernement.

Officiellement, l'ancienne présidente du RPR n'était candidate à rien. Je savais toutefois qu'elle convoitait un ministère important. Ne pouvant prétendre aux Finances ou au Budget, il lui restait le sceptre régalien : la Défense, l'Intérieur et les Affaires étrangères. La dimension très politique de l'Intérieur l'impressionnait mais elle rêvait secrètement du Quai d'Orsay. Ce sera Beauvau, un morceau de choix pour l'opposante d'hier ! Fallait-il y voir la main de Cécilia ? Il se murmurait à l'époque que la première dame avait poussé le nom de MAM, jugée plus fiable que les lieutenants de son époux, Brice Hortefeux et Claude Guéant, qui lorgnaient tous deux sur le ministère des secrets d'Etat. Michèle Alliot-Marie et Cécilia Sarkozy s'entendaient bien, sans être intimes. Je reste toutefois persuadé que le choix de confier l'Intérieur à MAM fut avant tout le résultat d'un calcul politique du président, qui ménageait ainsi les chiraquiens sans leur donner trop de pouvoir, puisque Beauvau, son ministère, avait vocation à rester une citadelle sous contrôle.

Fin mai, nous faisions nos bagages et changions de rive, bien plus encore que nous ne pouvions alors le penser. La passation de pouvoirs se fit entre deux rescapés du clan chiraquien : la continuité en apparence, la fin d'une époque en réalité. Nous n'en avions pas encore conscience, trop préoccupés que nous étions par notre bataille d'*Hernani* à nous, une guerre tactique dont l'enjeu était la conquête des mètres carrés disponibles du ministère. Une lutte moins futile et égotique qu'il y paraît : si l'on voulait peser dans la chaîne de décision, il fallait être proche du centre de commandement, c'est-à-dire du bureau du ministre. Or les places étaient rares, ici comme ailleurs. Avec quelques autres collègues déjà nommés, nous nous étions employés à explorer les lieux, excités comme des enfants. La très fidèle chef du secrétariat particulier du ministre nous en fit gentiment l'observation : « C'est comme le premier jour des vacances, il faut prendre le temps de s'installer. » On me fit choisir un véhicule au sein du parc automobile pléthorique, comme on l'aurait fait d'une agrafeuse sur un catalogue. Aucun « cost-killer » ne s'était jamais risqué à trancher dans le vif de ce service dont l'une des fonctions était de distinguer ceux qui avaient des responsabilités ou l'apparence des responsabilités.

On m'indiqua logiquement le bureau de Guillaume Larrivé, mon prédécesseur au poste de conseiller juridique, aujourd'hui député de l'Yonne. Il était situé au dernier étage du bâtiment, en face de la « popote » – surnom donné aux salles à manger des membres de cabinet dans tous les ministères. Une position intéressante, pas tant pour avoir accès aux victuailles que pour savoir qui déjeune avec qui. Par réflexe, je frappai avant d'entrer. Bien m'en avait pris : Guillaume Larrivé était encore là, pendu au téléphone, ses cartons prêts à le suivre dans les locaux du nouveau ministère de l'Immigration pour en devenir directeur adjoint du cabinet.

Le tour du propriétaire terminé, nous avions compris que ces bureaux haut perchés étaient certes confortables, mais un peu éloignés du cœur du réacteur, c'est-à-dire du ministre et de son entourage immédiat. Nous jetâmes donc notre dévolu sur un entresol jusque-là réservé aux conseillers du ministre en charge des questions de sécurité, policiers, gendarmes, membres de la sécurité civile, le cœur de métier du ministère. Ceux de MAM n'étant pas encore nommés ou désignés par leurs directions générales respectives, je décidai avec deux de mes camarades, conseillers politiques, de profiter de notre avance pour faire main basse sur l'étage. Nous découvrirons plus tard que cette initiative à visée plus pratique que politique a été interprétée comme une annexion territoriale au sein de la maison Poulaga.

J'étais pour ma part ravi : la pièce était certes trois fois moins grande que celle que j'occupais à l'hôtel de Brienne, mais elle offrait une vue imprenable sur la cour du ministère depuis un œil-de-bœuf. Lorsque j'investis les lieux, je découvris sur le bureau une coupelle en métal anglais, à l'effigie de La Reynie, abandonnée par son précédent locataire, Jean-Marc Berlioz, conseiller pour la sécurité de Nicolas Sarkozy, François Baroin et plus tard encore de Claude Guéant. Je n'ignorais pas que la figure de Nicolas de La Reynie, premier lieutenant général de police de Paris, ancêtre du préfet de police, faisait l'objet d'un véritable culte à Beauvau. Je savais aussi qu'elle servait de signe d'appartenance à la confrérie regroupant nombre des maçons du ministère de l'Intérieur, le fameux cercle La Reynie. Jean-Marc Berlioz, qui sera plus tard nommé directeur de la sûreté chez Renault, avait aussi laissé derrière lui une rosette bleue du mérite. En repensant à ce bureau tel que je l'avais trouvé, je me dis qu'il était à lui seul un petit condensé de Beauvau, forteresse bien gardée où l'on ne survivait que grâce à l'information – qu'il fallait avoir si possible de première main –, aux clans et aux liens tissés avec les politiques.

Pour MAM, qui croyait hériter du ministère phare, l'Intérieur se révelera plutôt un cadeau empoisonné. Comptant peu d'amis chez les préfets et les policiers, ne bénéficiant d'aucun relais chez les syndicats de police, tout-puissants à Beauvau, la nouvelle arrivante peinait à construire une équipe à sa main. Une grande partie des nominations était faite en direct par l'Elysée. Certaines, de son ressort, l'étaient dans l'anticipation des vœux de la présidence, telle celle de son directeur de cabinet, ancien préfet des Hauts-de-Seine. Moins de deux ans plus tard, il quitterait prématurément ses fonctions sur l'insistance de la présidence, par un étonnant respect du parallélisme des formes. Un ancien conseiller de Nicolas Sarkozy au ministère de l'Intérieur, magistrat, nous glissa une liste de noms dans laquelle piocher celui de son futur conseiller pour la police. Parmi eux, celui de Bernard Petit, l'un des grands flics de la police judiciaire. Homme de valeur, il ne sera pas retenu, victime des rivalités qui divisaient le ministère : issu de la Direction centrale de la police judiciaire et non de la maison d'en face, où avait servi le directeur de cabinet du ministre, Bernard Petit, ancien chef d'état-major au moment de l'affaire Schuller-Maréchal et des écoutes illégales, se verra préférer un homme issu de la police judiciaire parisienne. Revanche amère de l'histoire, le même Bernard Petit sera plus tard imposé par Manuel Valls comme patron de cette fameuse police parisienne dont pourtant il n'était pas issu et où l'on cultive tant l'entre-soi, avant d'en être évincé à la suite de la révélation de possibles atteintes au secret de l'instruction. Le poste de directeur général de la police nationale – homme clé du dispositif sécuritaire français – fut réglé encore plus facilement : Michèle Alliot-Marie ne pouvait qu'entériner la candidature voulue par le président, celle de Frédéric Péchenard, ami d'enfance de celui-ci selon l'histoire complaisamment racontée.

Alors qu'elle avait réussi à se faire accepter des militaires, MAM ne parvenait pas à s'imposer dans l'univers archi-codé des policiers. Sa première réunion consacrée à la sécurité donna le ton des deux années passées à Beauvau : alors que tous les cadres de la sécurité nationale étaient réunis dans un salon pour rencontrer leur nouveau ministre, c'est le préfet Michel Gaudin, directeur général de la police nationale, qui jouait les maîtres de cérémonie. Michel Gaudin était le prototype du haut fonctionnaire compétent et loyal, happé et transformé par le pouvoir. Ancien assistant à la faculté de droit d'Orléans, il avait fait un parcours sans faute dans l'administration préfectorale. Une fonction dont il se serait sans doute contenté si Nicolas

Sarkozy, nommé ministre de l'Intérieur en 2002, n'avait décidé d'en faire son super-intendant de police. En l'imposant dans les cercles du pouvoir, et en lui donnant à croire – à lui comme à tant d'autres – qu'il était son intime, le futur président avait fait du timide préfet l'un de ses obligés. Au fil des mois, je constatai que loin d'être isolé, le cas Gaudin était symptomatique des relations de vassa-lité républicaine que l'ancien maître de Beau-vau entretenait avec une bonne partie de la hiérarchie policière et, au-delà, de la haute fonction publique. Ministre puis président, Nicolas Sarkozy avait compris que cette caste de fonctionnaires d'Etat était fascinée par un pouvoir politique qui trop souvent la mépri-sait, mais qui orientait et accélérait les car-rières. Jouant la carte de la proximité, voire de la familiarité, quand bon nombre d'élus se contentent de la simple relation profes-sionnelle, le président s'était tissé un réseau d'alliés précieux au cœur de l'appareil d'Etat. Pur opportunisme d'un homme que l'on sait être une bête politique ou réelle sincérité ? La vérité se trouve sans doute à mi-chemin, si je me fie à l'impression qui me restait et me reste de mes deux rencontres avec lui. La première fois, alors qu'il était ministre de l'Intérieur, à l'occasion d'un déplacement à l'école de gendarmerie de Montluçon. Dans l'hélicoptère, quatre personnes avaient pris place : les deux ministres, chacun flanqué d'un conseiller, un « chaouche », comme nous disions parfois à la Chancellerie, en souvenir d'un magistrat qui appelait ainsi les membres du cabinet pour mieux en souligner la disponibilité et le peu d'autonomie. Pris dans le brouillard qui enveloppait le terrain d'aviation de Guéret, l'appareil était immobilisé au sol. Pendant que MAM plongeait le nez dans un dossier sans dire un mot à quiconque, Nicolas Sarkozy, en manches de chemise d'un blanc éclatant, s'impatientait. Désœuvré, il chercha à entamer la conversation avec son interlocuteur aléatoire situé en face de lui. « Que faites-vous ? – Je suis magistrat, monsieur le ministre. » Personne n'est parfait, avais-je envie d'ajouter, connaissant l'affection que déjà il portait à la corporation des juges. Je n'osai pas. Bien m'en prit. L'homme était charmant, curieux et ouvert. Etonnamment direct. Je le sentais capable de perdre du temps avec n'importe qui, quel que soit son rang, même si en l'espèce, il s'agissait aussi pour lui de tuer le temps. L'animal politique était bien présent dans l'Ecureuil de l'armée de l'air, il me bombardait de questions : « Qui connaissez-vous dans la magistrature ? – Peu de monde en vérité, je n'ai qu'une faible ancienneté », m'entendis-je répondre, ce qui était à la fois vrai et absurde, la société politique dans laquelle j'étais plongé depuis quelques années m'ayant de fait précipité dans la cour de bien plus grands que moi-même. Tenace, le ministre insista : « Et le procureur de Paris, qu'en pensez-vous ? Et le premier président de la cour d'appel ? Quel homme remarquable, n'est-ce pas ? » Je me montrai prudent et m'en tirai par une pirouette, en lui citant le nom de son propre conseiller pour la justice. Pas dupe, il sourit en disant « Ah oui, Etienne ». Le brouillard s'était dissipé et l'hélicoptère put décoller. Enfin.

La seconde rencontre eut lieu à l'Elysée, après son élection à la présidence, en 2008, à la veille de l'élection du Conseil français du culte musulman. Dans le Salon vert attenant au bureau du chef de l'Etat étaient réunis ses principaux collaborateurs, et notamment le secrétaire général Claude Guéant, le conseiller pour les affaires intérieures et les cultes Erard Corbin de Mangoux, qui deviendra directeur général de la sécurité extérieure puis préfet des Yvelines, et le ministre de l'Intérieur. Aucun représentant du cabinet du Premier ministre, selon une logique institutionnelle de présidentialisation extrême, même pour un sujet qui, sans être neutre politiquement, n'était pas non plus à l'époque d'une sensibilité extrême. Il s'agissait de la deuxième élection d'une instance très récente. Tout échec du processus électoral aurait été mis au débit de MAM quand lui avait lancé le processus avec éclat et talent en son temps. L'homme parut, par la porte d'angle qui, du fond de son bureau, donnait dans le Salon vert, cette fois encore en manches de chemise d'un blanc amidonné étincelant, faisant un peu penser à ces figures de l'élégance américaine. Sur la table, devant chaque participant, une coupelle en chocolat massif garnie dont la présence me paraissait étrange en ce début d'été déjà moite.

Il regarda sans l'ouvrir le dossier placé devant lui préparé avec soin par ses collaborateurs qui m'avaient demandé force notes et éléments les jours précédents. J'avais souvent vu MAM écarter ostensiblement un discours ou un dossier comme pour montrer à ses interlocuteurs qu'elle n'était pas prisonnière de ses collaborateurs ou de la technostructure. « Mon cabinet, ça n'existe pas », disait-elle dans ces circonstances. Là, c'était autre chose. L'homme n'avait besoin de personne pour parler d'un sujet qui, plus que tout autre, était le sien. Il évoqua deux ou trois anecdotes. Ses visites à la Grande Mosquée de Paris, chez le recteur Boubakeur. Il les décrivit en des termes qui évoquèrent celles que j'avais souvent effectuées avec Bertrand Gaume, le chef du Bureau central des cultes, pour tenter de le convaincre de participer au processus électoral. Elles faisaient partie des rites obligés qui sont devenus rapidement des moments de convivialité à défaut d'être efficaces. Bertrand, d'une patience infinie, avait su me convaincre de la pertinence de ces missions au cœur du Quartier latin. L'accueil au seuil de la mosquée, devant le jardin d'hiver. Le recteur qui accueillait ses visiteurs avec force effusions et embrassades. L'entrée dans son cabinet, situé sur le côté gauche. Le cérémonial du thé à la menthe. La conversation décousue et languissante. L'islam du juste milieu qu'il incarnait. Comment faire la synthèse avec les autres courants émergents et parfois majoritaires même s'ils étaient plus radicaux…

Le président discourait inlassablement. Formulait questions et réponses. Il émaillait son propos d'anecdotes : une rencontre avec le mufti de Marseille, la visite d'une mosquée à la Réunion, la création du CFCM qu'il avait initiée ou achevée, sans s'étendre outre mesure sur ce qu'elle devait quand même à certains de ses prédécesseurs, Charles Pasqua, Pierre Joxe ou Jean-Pierre Chevènement.

Il racontait avec brio, avec la gourmandise et la fierté d'un Napoléon Ier évoquant la création du Grand Sanhédrin en 1804. On le sentait sincèrement passionné par la question religieuse, même si la représentation institutionnelle du culte musulman relevait autant de la promotion de la liberté religieuse que du souhait d'assurer une forme de contrôle sur la communauté musulmane.

Il s'adressait directement et indistinctement à chacun de ses interlocuteurs, qu'il soit ministre ou simple collaborateur. L'image classique du chef de l'Etat s'estompait sans que l'on sache s'il fallait s'en réjouir au titre du sentiment de proximité qu'éprouvait le sujet du Prince ou le regretter pour la même raison.

La réunion s'étirait. Le président regrettait les tensions qui agitaient la jeune institution et qui n'étaient que le fruit du poids des nationalités en son sein qu'il avait pourtant acceptées.

A la veille de perdre la présidence du CFCM au profit des Marocains, la fédération de la Grande Mosquée de Paris de culture algérienne refusait en effet de participer au processus électoral pour tenter de sauver la face.

Qu'importe, les élections auraient lieu, même sans la Grande Mosquée de Paris.

Le président conclut la réunion, détendu.
Sur le seuil du Salon vert, il salua et remer-
cia ses hôtes en leur serrant longuement la
main.

A partir de 2007, Beauvau n'était plus un
ministère à part entière mais une annexe du
Château. MAM, à qui l'on avait confié les
clés de la machine sécuritaire, avait bien les
mains sur le volant mais le centre de pilo-
tage se trouvait à l'Elysée. Trois mois après
l'élection, je me rendais à Matignon pour ma
première réunion interministérielle, sur les
peines plancher. Si la présence du conseiller
pour la justice de Nicolas Sarkozy ne m'éton-
nait qu'à moitié, elle en disait long, ajoutée
à celle d'Emmanuelle Mignon, directrice de
cabinet du président, sur le nouvel équilibre
institutionnel qui tendait à éclipser le rôle du
gouvernement. Comme le ministre de l'Intérieur, le Premier ministre était sous la tutelle
de l'Elysée dès lors qu'il s'agissait de sécurité.
Les décisions importantes remontaient directement au président, informé par son principal
conseiller pour la sécurité, le préfet Christian
Frémont, et surtout par Claude Guéant – ses
yeux et ses oreilles à Beauvau. Ancien directeur général de la police sous Charles Pasqua
et deux fois directeur de cabinet d'un Sarkozy

ministre de l'Intérieur, « le Cardinal » disposait de ses propres relais au sein de l'appareil sécuritaire. Comme Nicolas Sarkozy, il n'avait jamais négligé les fonctionnaires avec lesquels il travaillait, même ceux de rang modeste. En dépit d'un agenda surchargé, Claude Guéant savait recevoir et perdre du temps avec les visiteurs bien informés. Nombre de nos interlocuteurs évoquaient d'ailleurs leurs contacts directs avec le secrétaire général sur des sujets qui, a priori, nous concernaient plus que lui. C'est un fait : la présidence de la République était toute-puissante. Le Premier ministre était devenu un collaborateur, et les ministres des faire-valoir. Ainsi, sous prétexte de ne pas parasiter les débats du Grenelle de l'Environnement, la question sensible de la condition animale faisait-elle l'objet de discussions distinctes qui se réglaient directement dans le bureau du conseiller pour l'agriculture de Nicolas Sarkozy. Le président suivait de près ce sujet, à un moment où le Parlement européen étudiait un projet de règlement supprimant purement et simplement l'abattage rituel. Il savait que les communautés, juive et musulmane, étaient légitimement sensibles à cette question, et il mit tout son poids dans la balance afin de préserver l'exception cultuelle française, défendue par les cercles religieux. Avec succès d'ailleurs. Omniprésent, le chef de l'Etat refusait de laisser la moindre marge de liberté à celle qui avait repris les rênes de son ministère fétiche. Même pour la Journée de la femme, le fair-play n'était pas de mise. Alors que MAM avait eu l'idée, peu originale il est vrai et sans aucune portée pratique surtout, d'organiser à Beauvau un déjeuner de femmes ministres pour marquer les esprits, Nicolas Sarkozy débarqua sans prévenir pour le café. Une façon d'humilier l'ex-chiraquienne tout en récupérant à son avantage le petit bénéfice politique de l'opération. Le président ne semblait même pas se rendre compte de la mauvaise manière faite à une femme qui se trouvait être le ministre de l'Intérieur, ni de la transgression que constituait dans les institutions de la République le fait de se rendre dans un ministère.

En 2008, Nicolas Sarkozy se fit transférer la gestion des fonds mis à disposition du ministre de l'Intérieur, plus connus sous le nom de « 122-01 ». Comme le président de l'Assemblée nationale et celui du Sénat, le patron de Beauvau disposait d'une enveloppe pour financer les projets d'intérêt local conduits par les élus, et notamment les maires. Cette réserve d'environ 30 millions d'euros annuels, qui visait au départ à corriger les inégalités fiscales, avait déjà donné lieu à quelques dérives, une partie des fonds ayant été affectée pour des raisons parfois plus politiques que techniques dans les Hauts-de-Seine sous Nicolas Sarkozy et dans les Pyrénées-Atlantiques sous Michèle Alliot-Marie.

Après cette décision de transférer la gestion des fonds à l'Elysée, le ministre de l'Intérieur se retrouvait dans le rôle peu enviable de simple scribe.

Brice Hortefeux, qui succédera à MAM en 2009, assumera totalement ce rôle de figuration. Il dut ainsi demander l'avis sinon l'autorisation du secrétaire général Claude Guéant avant de supprimer une compagnie de CRS à Saint-Etienne. Michèle Alliot-Marie, à l'inverse, s'entêtait à vouloir sauver les apparences. Pour exister, elle était persuadée qu'il fallait faire « du Sarkozy », c'est-à-dire répondre en temps réel aux préoccupations quotidiennes des Français, ou en donner l'illusion. Au cours de l'été 2007, par une malheureuse loi des séries, plusieurs enfants furent agressés par des chiens. Alors qu'un texte récent traitait déjà du sujet, le ministre créa un groupe de travail et nous chargea de préparer un nouveau projet de loi, plus répressif bien entendu, après avoir fait le tour des acteurs du secteur. Au premier abord simple, la mesure s'avérait compliquée à mettre en œuvre. Elle se heurtait tout à la fois au lobby des défenseurs des animaux, mais aussi à celui, très puissant, des vétérinaires, que nul n'avait anticipé. Je découvrais les soutiens dont il disposait au Sénat, la chambre du « seigle et de la châtaigne ». Se greffait un autre casse-tête : rejeté au Sénat, le texte de loi que le ministre défendait était renvoyé devant la Commission des affaires économiques de l'Assemblée, dont le président n'était autre que son compagnon, Patrick Ollier. Les conjoints étaient assis au banc, côte à côte. Loin d'aplanir les difficultés, cette cohabitation conjugale donnait parfois lieu à des échanges houleux. Patrick Ollier affectait d'être mécontent du travail fourni par le cabinet du ministre, faussement inquiet à l'idée que le texte puisse remettre en cause le statut des chiens patous, dont cet ancien député des Hautes-Alpes, sensible aux groupes de pression locaux, avait gardé la nostalgie. Je me retrouvais dans le rôle cocasse mais peu enviable de la balle de ping-pong.

Quelques mois plus tard, le ministre nous entraînait dans un nouveau ballet médiatique, après un accident de manège à la foire du Trône. Réunions en série, consultation des parties, élaboration d'un avant-projet de loi. Un texte n'a jamais réglé à lui seul quelque question que ce soit en matière de sécurité, si ce n'est la sécurité politique et médiatique d'un ministre vulnérable. Il s'écoulait nécessairement du temps entre l'élaboration d'un projet de loi, son adoption et sa mise en œuvre. Les questions de sécurité périphérique n'intéressaient personne. En effet, les sujets essentiels pour un ministre de l'Intérieur, tels que la lutte contre le terrorisme, le redéploiement des forces de police sur le terrain ou la lutte contre la récidive, n'étaient pas appréhendés par l'hôte de Beauvau qui demeurait en deçà. Enfermée dans un rôle de sous-secrétaire d'Etat aux faits divers, elle laissait le champ libre à Rachida Dati, ravie de jouer la ministre de l'Intérieur bis depuis la Chancellerie. Le médiatique garde des Sceaux, pilotée en sous-main par Patrick Ouart, un ancien conseiller d'Edouard Balladur que Nicolas Sarkozy avait fait revenir à ses côtés comme conseiller pour la justice alors qu'il pantouflait chez LVMH, assumait sans états d'âme la politique répressive voulue par le président de la République ; en créant les peines plancher en matière de récidive, en instaurant la rétention de sûreté pour les criminels particulièrement dangereux, en revendiquant le titre et le rôle de « chef des procureurs », exerçant ainsi une tutelle ferme sur ceux-ci, n'hésitant pas à les faire convoquer, comme ce fut le cas pour un vice-procureur du parquet de Nancy, invité à s'expliquer sur des propos à l'audience, pourtant statutairement protégés par un principe de liberté. Rachida Dati occupait le terrain sécuritaire paradoxalement déserté par le ministre de l'Intérieur. On aurait pu s'attendre à ce que cette situation bancale et à front renversé exacerbe les traditionnels conflits entre les locataires de Beauvau et Vendôme. Il n'en fut rien.

MAM avait prévenu son équipe dès son arrivée à l'Intérieur : elle ne voulait pas le moindre conflit avec la Chancellerie. Autant par tempérament sans doute que par lucidité quant au rapport de force politique du moment, lequel ne lui était pas favorable. Ce qui était étonnant. Malgré sa promotion éclair, Rachida Dati était une conseillère de cabinet, l'équivalent à l'Intérieur de ce que j'étais autrefois à la Défense. Michèle Alliot-Marie avait, elle, présidé le RPR, été trois fois ministre. Soutenue par l'Elysée, qui comptait sur elle pour mener à bien plusieurs grands chantiers législatifs et faire marcher droit les magistrats, le garde des Sceaux pesait davantage sur l'échiquier politique du moment que son homologue de l'Intérieur, isolée politiquement. Pour ceux qui en doutaient, et j'étais du nombre, la grande fête organisée place Vendôme le 13 juillet 2007 avait été un révélateur. En plein débat sur les peines plancher, Rachida Dati avait organisé une garden-party, privilège réservé à l'Elysée, aux ministères de l'Intérieur et de la Défense, et marqueur de l'influence politico-mondaine. Au diable l'avarice dans un ministère pourtant historiquement peu argenté. Le jour J, c'était la panique à Vendôme : le chef de l'Etat n'ayant pas, dans les institutions de la Vᵉ République, l'occasion de se rendre à la Chancellerie, il n'y avait pas de tapis rouge pour l'accueillir, pas plus qu'aucune personnalité. Il fallait donc emprunter celui du Ritz pour qu'il puisse entrer en majesté.

A posteriori, j'imagine que cette proximité explique la mission de confiance dont Michèle Alliot-Marie fut chargée en septembre 2009, neuf mois après avoir remplacé Rachida Dati à la Justice. Alors que tant d'autres dossiers s'invitaient à l'agenda politique, le ministre organisait un déplacement au Qatar. Un voyage auquel participait le directeur général de l'Ecole nationale de la magistrature. Quel était l'objet précis du déplacement ? Nous l'ignorions. Arrivés sur place, les limousines climatisées nous emmenèrent chez le procureur général, quatrième personnage de l'Etat qatarien. Un homme assez jeune, francophone et francophile, qui gardait un souvenir ébloui de ses années d'étudiant à la faculté de droit de Clermont-Ferrand. Après moult cafés à la cardamone et discussions très générales, on ne savait toujours pas précisément ce qui nous avait conduits aussi loin. Officiellement, il s'agissait d'enterrer un projet lancé par Rachida Dati, qui, lorsqu'elle était à la Chancellerie, s'était engagée auprès de l'émir – et surtout du procureur général – à créer localement une réplique de l'Ecole nationale de la magistrature. Au-delà de la dimension politique de ce projet qui s'inscrivait dans le cadre de ce partenariat si privilégié avec le Qatar, le gouvernement s'était rendu compte de son coût, au regard notamment des besoins en formation de magistrats au sein de l'émirat, un pays de la taille de la Corse. MAM était donc sans doute venue pour enterrer la promesse sans froisser cet Etat, allié de poids de la France et de son président. Un partenariat de formation des magistrats émiratis à l'ENM permettrait aux deux parties de sortir par le haut de la difficulté. Mais au cours du séjour, une autre explication au voyage, plus rocambolesque, émergea. Un journaliste membre de la délégation évoqua un différend plus personnel entre l'ancien garde des Sceaux et le procureur général, rumeur que rien ne viendrait jamais accréditer et qui tenait plus de l'écho mal sourcé et surtout malveillant que de l'information. De ce déplacement, je garde surtout le souvenir d'une extravagante partie de chasse au faucon, dans laquelle les 4 × 4 aux enjoliveurs chromés avaient remplacé la cavalerie royale. Dans une atmosphère portée à quarante degrés, je revois MAM, étonnamment détendue, et souriant de me voir transpirer à grosses gouttes en veste et cravate. Je rentrai à Paris en ayant l'impression d'avoir perdu mon temps. Les Qatariens avaient offert à chacun de leurs hôtes un énorme chronographe que je portai quelque temps par politesse ou orgueil, avant que les quolibets de mes camarades ne me décident à y renoncer définitivement.

Si entre MAM et Dati, les relations étaient au beau fixe, l'ambiance était nettement plus fraîche avec les hiérarques de la police, pour la plupart dévoués corps et âme au président de la République. Le ministre ne s'entendait guère avec les deux femmes à poigne qu'étaient Bernadette Malgorn, la secrétaire générale qui régnait sur le corps préfectoral, et Martine Monteil, la directrice centrale de la police judicaire. Avec Bernard Squarcini, le patron du renseignement intérieur, le climat était polaire. MAM avait dû, sous la contrainte de l'Elysée, accepter de le voir nommé dès juillet 2007 patron du renseignement intérieur. Un tremplin pour permettre à celui qui sera plus tard désigné comme l'« espion du président » de prendre la tête de la future DCRI, ce FBI à la française réclamé dès son arrivée à l'Elysée par le chef de l'Etat.

S'estimant cernée par les sarkozystes, MAM se méfiait de tous et de toutes. Le seul qui trouvait grâce à ses yeux était Frédéric Péchenard, le directeur général de la police nationale. La cinquantaine élégante et sympathique, l'ancien commissaire de la police judiciaire parisienne, futur directeur général de l'UMP, savait captiver son auditoire, en racontant avec talent et imagination des histoires de flics que l'on aurait dites sorties tout droit d'un polar. Le récit inventé plus qu'enjolivé – l'homme étant unanimement reconnu pour son éthique professionnelle exigeante – de ses improbables aventures dans les milieux interlopes et de ses gardes à vue musclées, au cours desquelles il aurait prétendument usé de la « tourlousine », la distribution de gifles aux prévenus, loin de rebuter MAM, l'amusait. Au point qu'elle lui pardonnait même quelques maladresses ou indélicatesses, Péchenard n'hésitant pas à lui faire sentir que, contrairement à lui, elle n'appartenait pas au premier cercle. Témoin, au cours d'un déplacement, l'évocation par le haut fonctionnaire, patron de toutes les polices de France, de la soirée d'anniversaire du chef de l'Etat à laquelle il savait que MAM n'était évidemment pas conviée.

DCRI, l'aigle qui chassait les mouches

*It's problably better to have him inside
the tent pissing out, than outside the tent
pissing in.*

LYNDON B. JOHNSON

C'était le rêve américain de Nicolas
Sarkozy. Depuis 2005 et les attentats de
Londres, l'ex-ministre de l'Intérieur devenu
chef de l'Etat militait pour la création d'un
FBI « à la française ». Depuis la place Beauvau, l'*American dream* du président avait pris
la forme d'une simple note. Dans le mois
suivant son arrivée à l'Elysée, le ministre
avait reçu une lettre de mission du président
de la République, selon une mode en vue
au sein de l'Etat qui en faisait une marque
de modernité dans la gestion des ressources
humaines. Parmi les projets prioritaires men-
tionnés dans ce courrier, figurait la création
d'une Direction centrale du renseignement
intérieur, future DCRI. Cette super-agence

de renseignement devait naître de la fusion entre deux maisons mythiques : la Direction de la surveillance du territoire (DST), notamment chargée du contre-espionnage, et les RG, Renseignements généraux, capteurs discrètement branchés sur le pouls de la société française. L'objectif affiché visait à rationaliser l'emploi des forces de renseignement dans un contexte de restrictions budgétaires, appelé du nom de « révision générale des politiques publiques ».

En réalité, la réforme souhaitée devait aussi permettre de régler des comptes entre deux entités historiquement rivales. La DST, service d'élite, avait marqué des points aux yeux des politiques dans les années 1980 et 2000 par son action contre le terrorisme d'origine islamique et son efficacité en matière de contre-espionnage. A l'inverse, les Renseignements généraux traînaient derrière eux l'image d'une « basse police » dont les notes blanches, ces papiers sans en-tête ni signature, avaient tendance à fuiter opportunément. Cet antagonisme ancien s'était envenimé sur fond d'affaire Clearstream et de guerre de la droite. Depuis, une sourde rivalité opposait Yves Bertrand et Pierre de Bousquet de Florian, réputés proches de Jacques Chirac, respectivement patrons des RG et de la DST dans les années 1990, au sarkozyste Bernard

Squarcini, adjoint du directeur central des Renseignements généraux, puis préfet délégué à la sécurité à Marseille.

En 2007, nous étions très loin de ces considérations. Il s'agissait ni plus ni moins d'appliquer la consigne présidentielle, tout en s'assurant du bon fonctionnement de la nouvelle entité. Lorsque la note élyséenne arriva sur son bureau, MAM, toujours prudente – l'est-on jamais assez, pour tout ce qui concerne le renseignement –, réclama à son cabinet une expertise afin de rendre un avis sur la future DCRI. En effet, si le principe de la réforme était acquis, de nombreuses questions restaient en suspens. Comment faire cohabiter deux maisons à la culture radicalement opposée sans prendre le risque d'affaiblir l'ensemble ? Façonnée par plus de quarante années de guerre froide, la DST, qui avait la particularité d'être à la fois un service de renseignement et un service de police judiciaire spécialisé, se distinguait par son extrême rigueur. A l'inverse, l'information en provenance des RG était souvent considérée comme peu fiable. Cet écart méthodologique ne semblait guère préoccuper les promoteurs de la réforme, dont le but premier était de reprendre en main une DST jugée trop villepino-chiraquienne.

La réforme devait également permettre de mettre fin au renseignement politique, bête noire de Nicolas Sarkozy. Le président, soupçonnant l'ancien patron des RG d'avoir travaillé contre lui avant son élection, souhaitait la disparition du service. Tout à sa vengeance, non sans raisons, l'Elysée avait oublié le rôle clé joué par le renseignement intermédiaire, ce travail de terrain consistant à suivre région par région les mouvements de l'opinion. La note soulignait que, privés de cette remontée d'informations concernant l'état des groupes de pression – agriculteurs, commerçants, étudiants, mouvements politiques –, les préfets risquaient de se trouver dépourvus d'un outil de décision fort utile pour leur mission et celle du gouvernement. Une manifestation sous-évaluée, un mouvement d'humeur mal estimé, et le ministre responsable peut y laisser sa tête, comme l'ont expérimenté bon nombre de décideurs de la Ve République...

La difficulté fut prise en compte plus tard et réglée par la création d'une sous-direction de l'information générale, rattachée à la Direction de la sécurité publique. Mais sur le moment, le simple fait que le ministre ait pu oser faire produire par ses services un argumentaire distinct de celui du Château fut interprété en haut lieu comme le signe d'une intolérable rébellion.

On lui fit comprendre qu'elle n'avait pas à approuver, mais simplement à exécuter. Pour s'assurer que la réforme serait menée conformément aux désirs présidentiels, dès le mois de juillet, l'Elysée avait nommé Bernard Squarcini aux commandes de la DST. En plaçant à la tête de cette structure le préfet corse, Nicolas Sarkozy faisait coup double : il humiliait une Michèle Alliot-Marie jugée récalcitrante, privée une fois encore de son pouvoir de proposition de nomination aux emplois supérieurs de son ministère.

J'avais bien sûr entendu parler du « Squale », comme on le surnommait dans le milieu, mais n'avais jamais eu l'occasion de le rencontrer. Je le croisai pour la première et dernière fois au cours d'un dîner chez l'ambassadeur du Maroc, alors que j'étais en poste à Beauvau. Ce dernier avait rassemblé à sa résidence de Neuilly une quinzaine de convives dont le point commun était leur lien avec le royaume chérifien. Les invités étaient des parlementaires membres des groupes d'amitié France-Maroc, des Français nés au Maroc, des chefs d'entreprises opérant au Maghreb. J'avais pour ma part été convié en tant que conseiller chargé des relations avec les cultes, à un moment très particulier, puisque la présidence du Conseil français du culte musulman venait de revenir à un religieux marocain, succédant au recteur de la Grande Mosquée de Paris. En fin de repas, avant de prendre congé de l'ambassadeur, j'échangeai quelques mots avec Bernard Squarcini. Les seuls, finalement. Mon périmètre au cabinet étant totalement étranger au renseignement, de mon point de vue au moins, nous n'avions aucune raison de nous rencontrer ou de nous parler. Il m'expliqua d'une voix assez douce qu'il était né au Maroc en 1955, un an avant la fin du protectorat. Son père, fonctionnaire de police, avait dû quitter précipitamment le pays avec sa famille pour rejoindre l'Algérie. Une terre dont les Squarcini avaient une nouvelle fois dû partir après la déclaration d'indépendance de 1962. Le préfet évoqua à mots couverts, mais avec une authenticité qui n'était pas feinte, une enfance marquée par les arrachements successifs. Ce soir-là, en repartant chez moi, longeant le bois de Boulogne qui bordait l'avenue, je me dis que l'homme valait peut-être mieux que sa réputation.

La petite histoire voulait que le jour du rendez-vous avec son ministre de tutelle officialisant sa prise de fonction, « le Squale » soit arrivé avec un dossier sous le bras sur lequel était inscrit « Clearstream ». Signal explicite visant à appeler l'adversaire d'hier à se montrer coopérative ? Une autre version, pas incompatible, racontait que Michèle Alliot-Marie aurait entamé l'entretien – glacial, comme elle-même savait si bien l'être – par ces mots : « Si cela n'avait tenu qu'à moi, vous n'auriez jamais eu ce poste. » Les avait-elle vraiment prononcés ou seulement pensés si fort que Bernard Squarcini avait cru les entendre ? Seule certitude : ces deux-là, qui se détestaient depuis l'affaire Clearstream, se sont évités autant qu'ils l'ont pu durant les deux années de la présence de MAM à l'Intérieur. Car si l'ancien commissaire faisait apparemment partie des victimes du faux listing, puisque son nom y avait été ajouté, son rôle exact et celui des RG dans cette affaire trouble n'ont jamais été vraiment élucidés.

A l'été 2008, un an après l'arrivée de Bernard Squarcini aux commandes de la DST, l'arrêt de mort de MAM était signé. L'inauguration du siège flambant neuf de la DCRI à Levallois, le 1er juillet 2008, donna lieu en amont à plusieurs passes d'armes entre les services du ministre et ceux de Bernard Squarcini. MAM, appuyée par son chef de cabinet, tint en effet à convier la presse à l'événement. Une façon de bénéficier des retombées médiatiques de l'opération autant que de contrarier le patron du renseignement. Lequel s'opposa évidemment à l'intrusion de journalistes dans ce lieu hautement sécurisé, garant des petits et grands secrets du pouvoir. Sortie victorieuse du bras de fer, Michèle Alliot-Marie ne manquera pas de rappeler quelques années plus tard, lorsque surviendra la polémique sur le rôle du tout nouveau service de renseignement dans les affaires Bettencourt puis Mohammed Merah, qu'elle était celle qui avait « fait entrer les caméras et les journalistes à la DCRI ». Courageuse mais pas téméraire, l'ex-ministre alors redevenue simple député n'alla toutefois pas jusqu'à répondre par l'affirmative lorsque l'intervieweur la questionna sur une DCRI présentée par certains comme la « police politique » de Nicolas Sarkozy.

« Cela ne correspond pas à ce que j'ai vu du fonctionnement de ces services lorsque j'étais en poste », assurait avec aplomb MAM lors de cet entretien filmé en 2012. Le ministre était légitimiste. A partir du moment où elle avait endossé la paternité de la création de la DCRI en 2007, elle faisait corps, quelles que soient ses failles, avec le nouveau service. Je l'ai constaté non sans étonnement dans la gestion de l'affaire Tarnac. Alors que l'on attendait d'un ministre, même de l'Intérieur, qu'il prenne une certaine distance avec l'information livrée par certains hommes du renseignement, parfois manipulateurs, elle adhéra sans aucune retenue à la thèse du complot d'extrême gauche. Le 11 novembre 2008, plusieurs membres supposés d'un groupuscule militant étaient interpellés. Soupçonnés d'avoir saboté le réseau SNCF, les jeunes gens étaient très vite mis en examen pour « association de malfaiteurs » et « actes de destruction et dégradation en relation avec une entreprise terroriste ». Pour l'Elysée et pour Bernard Squarcini, cette arrestation à grand spectacle légitimait l'existence de la toute jeune DCRI. Ministre de l'Intérieur, en difficulté sur les questions de sécurité qui étaient le cœur de sa mission, MAM y trouvait elle aussi son compte, cette menace à sa mesure lui permettant enfin d'endosser les habits de premier flic qu'elle avait jusque-là, et en partie à son corps défendant, laissés à un prédécesseur qui les avait conservés tant il les trouvait à sa taille.

La tentation était trop forte, elle ne pouvait s'empêcher de communiquer sur l'affaire, entrant dans le détail de l'enquête pour conclure à un mouvement en provenance de l'ultra-gauche, laquelle « se substituait au parti communiste depuis son effondrement ». La thèse, ni pire ni meilleure que toute autre, relevait un peu du café du commerce. Une thèse diffusée quelques mois auparavant au sein du ministère et s'appuyant sur un essai politique intitulé *L'Insurrection qui vient*[1]. Officiellement rédigé par un « Comité invisible », l'ouvrage avait peut-être été complaisamment téléguidé ou à tout le moins relayé par certains pontes du renseignement qui voulaient faire croire à la résurgence d'une menace terroriste venue de l'extrême gauche. J'avais beau ne pas être associé à la gestion de ce dossier médiatique, je marquai tout de même ma surprise face à cette communication qui empiétait sur les prérogatives du procureur de la République de Paris et d'une certaine façon malmenait le secret de l'instruction autant que la présomption d'innocence. Je me vis rétorquer qu'il « s'agissait d'une affaire de police ». Difficile de le nier. Police judiciaire tout de même. La nuance n'était pas mince. Il est vrai qu'au ministère de l'Intérieur, tout est police. Un magistrat comme moi devait être payé pour le savoir, et surtout pour se taire et encaisser.

De ce dossier, nul mieux qu'Yves de Kerdrel, le directeur de la rédaction de *Valeurs actuelles* et châtelain de Tarnac par la main gauche, ne parlerait mieux. Interrogé par

---

1. La Fabrique, 2007.

l'auteur du livre *Tarnac, magasin général*[1] : « Et vous, au fond, vous en pensez-quoi ? », il répondit : « L'affaire est nulle et non avenue. J'ai suivi, d'assez loin, la manière effrayante du déroulement de l'enquête judiciaire, cet enchaînement de petites catastrophes, l'attitude maladroite de la police. »

Pourtant l'essentiel n'était pas là. Le dossier suit toujours son cours et a fait l'objet d'un renvoi devant le tribunal correctionnel et d'un appel devant la chambre de l'instruction qui diront le droit. Mais il n'intéresse plus personne, à part les prévenus. Cette affaire montre à quel point la justice peut être un instrument, souvent objectif, entre les mains des politiques.

Il reste que l'ancien gaulliste ne pouvait ignorer totalement les méthodes des services de renseignement, ayant eu personnellement à en subir les désagréments.

Je me souviens qu'en 2007, quelques mois avant la création de la DCRI et le renforcement des moyens techniques qui l'avait accompagnée, le ministre avait soupçonné les services français de travailler sur les activités

---

1. David Dufresne, *Tarnac, magasin général*, Calmann-Lévy, 2012.

de son conjoint, Patrick Ollier, en Libye. La parution d'un article lourd de sous-entendus, visiblement alimenté par une note des Renseignements généraux, lui avait mis la puce à l'oreille. Furieuse, Michèle Alliot-Marie s'était plainte à Claude Guéant de cette intrusion dans sa vie privée. Joël Bouchité, patron des RG et homme-lige de Bernard Squarcini, avait alors passé un mauvais quart d'heure, pour avoir assumé cette mission ou peut-être simplement pour s'être fait surprendre en train de le faire. La création de la DCRI à l'été 2008 n'avait évidemment pas sonné le glas de ces mauvaises habitudes, bien au contraire. Comme nous avons été nombreux à le découvrir plus tard, la super-agence de renseignement à l'américaine n'avait pas pour seul et unique objet de protéger le citoyen. Il lui revenait aussi, et peut-être avant tout, de préserver la personne du chef de l'Etat et son entourage.

Souvent présentée comme un FBI à la française, la DCRI tenait en réalité plus du Secret Service, cette unité d'élite qui, aux Etats-Unis, est chargée de la protection du Président et des hautes autorités. Ou alors du FBI des cinquante premières années, celui qui, sous la houlette d'Edgar Hoover, se révélera une redoutée police politique. Se méfiant de tout et tout le monde après le départ de son épouse, Nicolas Sarkozy instaura très vite une ambiance de méfiance généralisée au sommet de l'Etat. Cet inextinguible besoin de protection fut exploité avec zèle par Bernard Squarcini. Issu des Renseignements généraux, où il avait largement exploré cette matière sensible, le Corse inspirait la peur jusque dans son clan. Quelles investigations ont été menées et sur qui ? Avec quels moyens ? Je n'ai en tête que quelques exemples, reflet parcellaire d'une époque où la paranoïa du pouvoir, conjuguée à l'avènement du numérique, autorisait les pires égarements. En 2009, alors que nous avions quitté l'Intérieur pour la Justice, me revint aux oreilles une histoire singulière : certains militaires haut gradés auraient été surveillés par la Direction de la protection et de la sécurité de la défense, l'un des services de renseignement des armées. Ces derniers étaient soupçonnés d'être les cerveaux de la tribune anonyme, critiquant le *Livre blanc de la Défense*, parue quelques jours plus tôt dans *Le Figaro*, sous la plume d'un certain Surcouf. Un crime de lèse-majesté qui ne pouvait rester impuni. Pressé de démasquer les auteurs de l'article, le pouvoir fit mettre la pression sur le directeur de cabinet d'Hervé Morin. Celui-ci activa la Direction de la protection et de la sécurité de la défense qui fit surveiller plusieurs officiers et saisir tous les ordinateurs des officiers du CHEM, le Centre des hautes études militaires. L'un d'eux avait eu des contacts par mail avec un avocat influent, lui-même membre de la commission du *Livre blanc*, qui menaça de révéler l'affaire au motif que le secret de sa correspondance professionnelle avait été violé. L'argument porta ses fruits et les ordinateurs furent restitués à leurs propriétaires.

L'une des anciennes conseillères de Rachida Dati attirait elle aussi malgré elle l'attention des services de renseignement pour une affaire non moins alambiquée. En 2009, alors que la cour d'appel de Paris venait de rendre son jugement dans le procès de l'Eglise de scientologie, certains s'étonnèrent de la clémence de la justice envers la secte. Il se disait en effet, dans le cadre de ces bruits de palais qui trop souvent tiennent lieu de vérité judiciaire avant l'heure, que cette dernière écoperait de la sanction maximale, à savoir la dissolution. Ce ne fut pas le cas et il commença alors à se murmurer que la secte aurait pu infiltrer les services de l'Etat afin d'adoucir la sanction. Parmi les personnes qui auraient pu avoir été « retournées » figurait une magistrate auprès du tribunal aux armées, qui avait suivi le dossier au cabinet de Rachida Dati lorsque cette dernière était ministre de la Justice. Afin d'en avoir le cœur net, un travail de renseignement fut requis sur la magistrate. Je tentai de m'y opposer autant par principe que par prudence, mais je ne fus pas écouté. Il s'avéra que l'Eglise de scientologie n'avait bénéficié d'aucune complaisance : simplement, un travail d'allègement du corpus législatif mené par la Commission des lois qui avait sous-traité une partie de la tâche et avalisé par le gouvernement avait supprimé la fameuse dissolution que le gouvernement aurait voulu voir appliquer à l'Eglise de scientologie...

Preuve que la DCRI de Squarcini n'avait confiance en personne, pas même en son propre camp, une surveillance fut mise en place sur Rachida Dati elle-même au cours du printemps 2010. Dans *Belle-Amie*[1], une biographie autorisée, les journalistes Michaël Darmon et Yves Derai relateront l'existence d'investigations de la police visant l'ancien garde des Sceaux, suspectée de colporter des rumeurs sur le couple Carla-Nicolas[2].

____

1. Michaël Darmon et Yves Derai, Editions du Moment, 2009.

2. Voir aussi : Olivia Recasens, Didier Hassoux, Christophe Labbé, *L'Espion du Président*, Robert Laffont, 2012.

Face à la polémique soulevée par ces révélations, la DCRI s'était justifiée en indiquant « avoir été saisie par son autorité de tutelle, le DGPN », Frédéric Péchenard donc. Il s'était dit à l'époque qu'un ancien membre du cabinet de Christian Estrosi, François-David Cravenne, avait lui aussi fait l'objet d'investigations approfondies, c'est-à-dire d'analyse de ses échanges téléphoniques avec Rachida Dati, les fameuses « fadettes ».

Ces exemples auraient dû me servir d'avertissement. Je n'avais rien vu venir. Comment un modeste conseiller de cabinet pouvait-il attirer l'attention du patron des services de renseignement ? Ni activiste, ni terroriste, ni même intrigant, je n'étais pas de taille. L'acharnement à mon égard me fait penser qu'un plus gros gibier était ciblé. En livrant mon nom à la presse, en laissant entendre que le cabinet du ministre de la Justice trahissait le gouvernement pour lequel il travaillait, sans doute visait-on MAM elle-même. A moins qu'à force de projeter sur les autres sa propre logique d'intrigues, de clans et de paranoïa, la machine à traquer l'ennemi intérieur se soit emballée. Et que l'« aigle » DCRI se soit mis à chasser les mouches.

Chapitre 7

« Mille petits dégoûts de soi… »

> *… dont le total*
> *Ne fait pas un remords…*
>
> Edmond Rostand,
> *Cyrano de Bergerac*

Ce dimanche 25 juillet 2010, une chaleur écrasante régnait sur Paris et sur l'hôtel de Bourvallais, siège du ministère de la Justice. J'étais occupé à faire mes cartons dans les circonstances que l'on sait. La veille, j'avais reçu des services une petite bombe à retardement, qui n'était que le produit loyal d'une « commande » comme on parlait des requêtes du cabinet, dans les mêmes termes finalement qu'un tournedos Rossini à un chef de rang d'une brasserie : l'avant-projet de loi faisant suite au discours présidentiel de Grenoble sur la sécurité et l'immigration. Parmi les réponses musclées, apportées par Nicolas Sarkozy, aux troubles à l'ordre public

causés quelques jours plus tôt à Uriage-les
Bains, mais aussi dans le Loir-et-Cher, une
mesure très contestée prévoyait de priver de
la nationalité française les auteurs naturalisés
de faits d'assassinat ou de meurtre sur des
policiers et gendarmes. On se souvient de
la polémique qu'avait aussitôt déclenchée la
proposition. La question morale se doublait
en effet d'une vraie difficulté juridique, susceptible de remettre en cause le fondement
du pacte national : comment distinguer deux
catégories de Français, ceux qui seraient nés
tels et ceux qui le seraient devenus ? Malgré
toutes les réserves émises au sein du cabinet
comme à l'extérieur, le texte que je reçus
correspondait en tout point à la commande
politique et ne faisait état d'aucune difficulté
constitutionnelle tirée d'une possible rupture
d'égalité devant la loi.

Bien que moralement écrasé par l'affaire
qui me touchait, et que je ne pouvais partager avec personne, je ressentais comme un
soulagement. J'étais presque libre. Pour me
rendre dans le bureau du ministre, j'emprun-
tai le petit escalier qui menait directement à la
bibliothèque, où MAM était installée, passant
devant une salle de bains créée en son temps
par Jacques Toubon. Je pensais en descen-
dant les marches que ce serait sans doute ma
dernière occasion de parler au ministre, au

terme de plus de sept années de collaboration. Je le savais. Michèle Alliot-Marie aussi, sans doute, mais elle n'en avait cure. Sous l'effet de la chaleur, l'épaisse moquette blanc cassé de son bureau dégageait une étrange odeur de fibres, encore plus forte que d'habitude. Pour une fois, j'avais abandonné ma veste et ma cravate pour un style vestimentaire décontracté, de circonstance en ce week-end déjà étouffant de début d'été. Le ministre, qui, à l'occasion de déplacements encore récents en Guyane et au Qatar, avait gentiment raillé ma propension à rester cravaté en toutes circonstances, le souligna à sa façon : « Tiens, vous jouez au polo ? Je l'ignorais. »

Surpris par cette remarque, j'hésitai un instant à lui répondre que j'avais attaché mon cheval dans la cour. Je me contentai de lui tendre la note avec les propositions de texte correspondant au discours de Grenoble, en étant tenté de faire une allusion à Uriage qui décidément était une source permanente d'inspiration pour la droite française.

« Les politiques n'aiment pas l'histoire, m'avait pourtant dit un ami, habitué des cabinets ministériels. Leur seul horizon est un avenir de court terme. » Le projet de texte prévoyant la déchéance de la nationalité française pour meurtre ou assassinat de représentants de forces de l'ordre y figurait en bonne place. Nous savions tous deux que ce projet était absurde juridiquement autant que politiquement. Elle ne disait rien. Moi non plus. Je tentais de me persuader que des réserves de ma part sembleraient opportunistes, puisque je m'apprêtais à partir. Je me convainquais aussi qu'après moi, au-dessus de moi, d'autres exposeraient les obstacles juridiques à une telle loi et feraient exploser le texte, ce qui se produisit en effet en fin de parcours, lorsque le projet arriva au Sénat. Qu'importe. Ce 25 juillet 2010, j'aurais dû prendre mon courage à deux mains et évoquer sans qu'on me l'ait demandé mes ancêtres maternels italiens naturalisés français après 1860. Si, loin du sabir juridique que je lui servais habituellement, j'avais rappelé au ministre la fierté d'avoir obtenu ma nationalité par le droit du sol, à défaut de celui du sang, je serais sans doute parti plus apaisé.

Revenu à la vie civile, je me suis souvent demandé si j'aurais dû m'appliquer la jurisprudence Chevènement, ce fameux théorème qui veut qu'un ministre, « ça ferme sa gueule ou ça démissionne ». En tant que conseiller, me devais-je de cautionner toutes les décisions prises par le ministre, y compris celles qui allaient à l'encontre de mes convictions ? Je prenais à l'époque grand soin de ne pas sonder ma conscience lorsque des choix arbitraires ou contestables étaient faits sous mes yeux. Jusqu'au dernier jour, le pouvoir m'aura anesthésié. Pas corrompu, ni abîmé : simplement insensibilisé. Lorsque je revois cette période, je ne pense pas avoir participé à une quelconque infraction ni même à une action immorale. J'ai même quelques motifs de satisfaction. Parmi eux me revient le discours qu'à plusieurs mains, sous la férule d'une plume talentueuse, nous avions rédigé à l'occasion du centenaire de l'arrêt de réhabilitation du capitaine Dreyfus en 2006. Le président de la République avait légitimement souhaité marquer cet événement, sans que cela suscite un enthousiasme excessif au sein des armées. Après une cérémonie militaire qui avait eu lieu dans la cour des Invalides, le ministre avait su pour une fois sortir du registre de la représentation compassée pour défendre avec un certain panache, à la Grand-Chambre de la Cour de cassation, « la force et la grandeur de la justice et du droit ». En l'écoutant souligner « l'erreur tragique commise par les institutions de l'Etat », et rappeler la valeur de « l'idéal du capitaine Dreyfus » alors qu'il n'y avait aucun bénéfice politique à en retirer, je me suis senti solidaire.

Il m'était arrivé de l'être moins en mon for intérieur. Une mesure m'avait particulièrement irrité, à la fin de l'année 2009, au moment de l'interpellation en Suisse du cinéaste Roman Polanski. Le réalisateur français, de passage à Zurich à l'occasion d'un festival de cinéma, s'était vu notifier un mandat d'arrêt international émis par un juge de Santa Monica en 1978. On pouvait certes s'étonner de cette arrestation tardive, près de trente ans après les faits, mais cela ne changeait rien à l'affaire : Roman Polanski, poursuivi pour relations sexuelles illicites sur une mineur de 13 ans, se devait de répondre de ses actes devant la justice. Il avait été incarcéré, puis assigné à résidence dans son chalet de Gstaad. La mesure suscita un tel tollé au sein de l'intelligentsia française qu'on nous donna l'ordre, pour punir les Helvètes de leur impudence, de cesser toute coopération judiciaire avec les autorités de Berne. L'oukase venait directement du Château.

A quelque temps de là, je reçus la visite du chargé d'affaires de l'ambassade de Suisse, alerté par la rumeur. L'homme était courtois et un peu froid, plus direct toutefois que les diplomates français que je connaissais. Je le sentais médusé par le comportement de la Chancellerie à Paris. J'y voyais aussi la justification des préjugés qu'il pouvait avoir eus concernant les mœurs politiques en France. « Est-il vrai que votre gouvernement entend suspendre la coopération judiciaire avec le mien ? » m'interrogea-t-il dans un français teinté d'un léger accent de Lugano. « Il n'en est pas question », lui dis-je sans m'exposer plus que nécessaire. Je savais évidemment que nous avions été sommés de suspendre les relations avec nos voisins suisses. Mais l'absurdité de la requête, sur le plan des principes comme sur le plan pratique, me faisait penser qu'il fallait résister. Cela ne coûtait pas cher. Je n'imaginais pas l'exécutif s'entêter dans cette nouvelle atteinte à l'autonomie des parquets et à l'indépendance des juges pour un motif aussi dérisoire. Quotidiennement, magistrats français et hélvétiques coopéraient directement et utilement, s'adressant et exécutant force demandes d'entraide pénale, conformément à une convention bilatérale. Fallait-il y renoncer pour satisfaire un caprice ? L'instruction est restée lettre morte, et tout le monde, au ministère comme chez les procureurs, qui n'en surent rien, s'est efforcé d'oublier l'injonction élyséenne.

Pour une petite victoire face à l'arbitraire du pouvoir, combien de défaites ? Un conseiller ministériel a beau ne pas être décisionnaire, il n'est ni sourd ni aveugle. J'ai pourtant l'impression, en me retournant sur les années Sarkozy, d'une myopie collective. De nombreux serviteurs dévoués de l'Etat ont été malmenés, pour ne pas dire maltraités, sans que personne lève le petit doigt. Le coordonnateur des forces de sécurité en Corse, Dominique Rossi, a été l'un des premiers à faire l'expérience de la disgrâce présidentielle[1]. Nous avions l'habitude d'appeler ce grand flic, natif de l'île, lorsque nous avions besoin d'un éclairage sur un dossier corse. La conversation était toujours sympathique, mais lorsque nous raccrochions après une demi-heure d'échange, nous n'avions aucune idée quant à sa position sur le dossier. Mesuré en toute chose, Dominique Rossi choisit de ne pas déployer des moyens supplémentaires afin de ne pas envenimer une situation plus ridicule que réellement dangereuse pour l'ordre public lorsqu'en septembre 2008 des indépendantistes ont occupé pendant une heure la propriété de l'acteur Christian Clavier, près de Porto-Vecchio. Dans les jours qui ont suivi, et alors même qu'il n'y avait eu aucune dégradation au sein du domaine, le premier flic de Corse a été muté à l'IGPN, la police des polices. Un enterrement de première classe, ce service étant ironiquement surnommé dans le milieu le « cimetière des éléphants ».

Rossi a été sanctionné pour avoir oublié que Christian Clavier était un grand ami

---

1. *Corse-Matin*, 1er septembre 2011.

de Nicolas Sarkozy. La sentence était tombée de l'Elysée mais c'est MAM, supérieur hiérarchique du coupable Rossi, qui l'avait endossée. Loin de s'insurger contre l'injuste fait du Prince, elle le justifia, allant jusqu'à parler d'« erreur d'appréciation » de la part du Monsieur Sécurité de l'île. Bernard Squarcini, qui invoquait souvent un racisme anti-corse, observa cette fois un silence prudent. Nous n'étions alors qu'en début de mandat mais déjà dans la confusion des genres : d'un côté, des intérêts privés, avec le mécontentement d'un ami du président ; de l'autre, une intervention publique, avec la mobilisation des moyens de l'Etat. Choqué comme beaucoup autour de moi, je n'ai rien laissé paraître. Pas plus que je ne suis intervenu lorsque Michèle Alliot-Marie s'essaya à son tour au rôle de coupeuse de tête qui ne lui ressemblait guère, mais qui était assez conforme à l'air du temps. A l'ordre du jour d'une réunion du directeur de l'administration pénitentiaire avec ses directeurs interrégionaux, figuraient divers sujets certes sensibles mais récurrents tels que le budget et les moyens à allouer aux prisons, la gestion de la surpopulation carcérale. La directrice intérégionale du Sud-Ouest avait adressé à ses collaborateurs un débriefing somme toute banal et anodin. L'un de ses destinataires, membre d'un syndicat, l'avait rendu public et cela avait donné lieu à plusieurs articles, accompagnés d'une analyse peu flatteuse pour le ministère[1]. Le ministre congédia séance tenante la responsable régionale bordelaise. Une sanction injuste et disproportionnée à l'égard d'une grande professionnelle devenue depuis directrice de l'administration pénitentiaire. A la fin de l'année 2009, elle avait également limogé le directeur de l'administration pénitentiaire pour un motif spécieux, un risque d'impasse budgétaire, pour lequel il l'avait pourtant loyalement alertée.

Aurais-je dû à l'époque plaider sa cause, tenter d'adoucir la sentence ?

J'avoue, sur le moment, ne m'être tout simplement pas posé la question. Le pouvoir endurcit autant qu'il endort et l'on se réveille lorsqu'on le quitte avec cette accumulation de « mille petits dégoûts de soi, dont le total ne fait pas un remords, mais une gêne obscure », dirais-je pour paraphraser *Cyrano*. Derrière cette torpeur, une facilité mâtinée de lâcheté, sans doute. Un manque de lucidité, aussi. En France, le politique est trop souvent considéré comme un monarque de droit divin dont la parole s'impose à tous, à commencer par ses collaborateurs. Ecrasé

---

1. *Sud-Ouest*, 28 mai 2010.

par la personnalité du ministre placé au centre de la vie du cabinet, le conseiller tend à surestimer les capacités de son « patron », voire à l'idéaliser. Comme l'affaire Cahuzac le confirmera, bon nombre d'entre nous adhèrent sans distanciation au discours de l'homme ou de la femme qu'ils servent, mais aussi à l'idée que celui-ci se fait de son destin. Je m'étais laissé convaincre que MAM pourrait devenir Premier ministre. Parution de *Michèle Alliot-Marie, la grande muette*[1], une biographie autorisée rédigée par un journaliste talentueux et bienveillant, petites interventions savamment distillées, image soigneusement travaillée, fondée sur la féminité, le sérieux, la rigueur : elle avait fait une campagne dynamique et méthodique, quoique discrète. Malgré l'absence totale d'appétence de sa part pour les questions économiques et sociales, qui sont au cœur de la fonction de Premier ministre, je croyais à ses chances d'aller à Matignon. Sans exclure de la suivre dans cette nouvelle aventure, sans même me poser la question du sens de cet engagement. Surmenage, diraient les inspecteurs du travail. Idolâtrie, fétichisme, peut-être même sado-masochisme, diagnostiqueraient

---

1. Michaël Darmon, *Michèle Alliot-Marie, la grande muette*, L'Archipel, 2006.

les psychiatres. Inquiétante addiction, commenteraient pour leur part les spécialistes des produits stupéfiants.

La loyauté n'interdit pas, a posteriori, d'analyser la part d'ombre à laquelle on a été associé. Je repense aux instructions données au parquet : avis explicitement favorable à un appel dans le cas du « gang des Barbares », avis implicitement défavorable à une ouverture d'information judiciaire dans le dossier Bettencourt. Deux affaires si différentes. L'assassinat d'Ilan Halimi, début 2006, demeure l'un des crimes les plus révoltants qui soit. Un assassinat odieux, ouvertement antisémite, commis froidement par des jeunes gens qui ont attiré leur proie dans un piège avant de la torturer et de la tuer au terme de longues et cruelles souffrances. J'étais en poste à la Chancellerie lorsque, trois ans après l'assassinat, la cour d'assises rendit son verdict. La mansuétude relative des peines retenues, pour certaines d'entre elles inférieures aux réquisitions de l'avocat général – elles-mêmes jugées clémentes –, avait surpris nombre d'observateurs et choqué la famille.

Un dimanche matin, je reçus un coup de fil du président du Consistoire israélite de France, un homme de grande qualité avec qui j'entretenais de bonnes relations depuis mon passage au ministère de l'Intérieur, où j'étais aussi chargé des relations avec les cultes. Il me fit part de la déception – le mot exprimait trop faiblement le fond de sa pensée – de la famille d'Ilan Halimi ainsi que des représentants de la communauté juive à l'égard d'une décision ressentie comme profondément injuste. Cette demande n'avait rien de surprenant, tant elle était légitime : « On a vingt-quatre heures pour maudire son juge », dit un adage, et les parties civiles n'ont pas le droit de faire appel. J'ai en revanche été quelque peu surpris de découvrir que privées du droit de faire appel, les victimes – et surtout leurs avocats – en avaient appelé directement à la présidence de la République, qui avait non seulement été contactée mais aussi « sensibilisée ». Et elle avait déjà tranché en faveur de l'appel.

Afin de sauver les apparences sans doute, les représentants de la communauté juive demandèrent à être reçus à la Chancellerie pour exposer leur requête. Une réunion fut donc organisée avec les dirigeants du CRIF et du Consistoire dans le salon des Oiseaux, au ministère. Le ministre avait arrêté sa position. Le sujet, sensible, avait divisé jusqu'au sein du cabinet. Magistrat, je faisais partie de ceux qui, réticents à imposer un appel, plaidaient pour une liberté laissée au parquet qui, au moins en apparence, assumerait sa décision de faire appel, sur le fond conforme au protocole de fonctionnement du ministère public. Une position plus politique consistait à prendre acte du choix de l'Elysée, et à endosser la décision sous peine de se la voir imposer, accompagnée en prime d'une humiliation publique. Michèle Alliot-Marie choisit le compromis, qu'elle tenta de dissimuler sous un habillage technico-judiciaire : il y eut bien une instruction d'appel donnée, mais cantonnée aux seules condamnations inférieures aux réquisitions de l'avocat général. Soit quinze sur les vingt-sept sentences prononcées.

Je ne sous-estimais pas le risque politique qu'il y aurait eu à ne rien faire. Il était délicat pour les pouvoirs publics de rester passifs face à de tels actes de barbarie, dans un contexte de montée de l'antisémitisme en France. Mais en tordant à ce point le bras à la Chancellerie, et par ricochet au parquet, dans une affaire médiatisée, l'exécutif avait installé l'idée, pourtant éloignée de la réalité, celle d'un procureur aux ordres.

Cette image négative du parquet en particulier et de la justice en général se trouva encore dégradée par les atermoiements dans le dossier Bettencourt. La Chancellerie n'en avait qu'une connaissance très limitée, quasiment aucune information ne remontant au ministère. Il fallait, pour connaître la nature des investigations menées, lire la presse ou attendre que le garde des Sceaux soit conviée à l'Elysée. Certains actes, telle cette descente de la PJ dans le Gard visant à faire rentrer au plus vite à Paris – et sous escorte policière – la comptable de Mme Bettencourt dont les déclarations, pourtant approximatives, étaient considérées comme gênantes pour le président, avaient cependant de quoi laisser pantois. Témoin clé de l'affaire, cette dernière avait jeté un pavé dans la mare en expliquant, quoique de manière assez imprécise voire contradictoire, avoir retiré des liquidités à destination du candidat à l'UMP avant l'élection présidentielle.

Très vite, la multiplicité des mis en cause et la complexité des investigations à mener, y compris à l'étranger, auraient dû provoquer l'ouverture d'une information confiée à un juge indépendant. Cependant, alors même que le nom du ministre du Budget Eric Woerth et celui du président Nicolas Sarkozy apparaissaient en marge du dossier, jamais la décision ne fut prise de mettre la pression sur le procureur de Nanterre pour qu'il passe la main à un juge d'instruction indépendant. La loi permettait pourtant de le faire. La question ne fut pas même évoquée au sein du cabinet de Michèle Alliot-Marie. Pourquoi retarder ce qui, dès le printemps 2010, semblait inéluctable ? La question me brûlait les lèvres mais je ne me risquais à la poser qu'à voix basse et entre deux portes. Aucune réponse ne sera jamais apportée à la demi-question ainsi susurrée. Bien plus tard, le 21 octobre 2010, le procureur général de Versailles enjoignait au procureur de Nanterre d'ouvrir une information. La curiosité est un vilain défaut, a fortiori dans l'univers fait d'intrigues et de secrets qu'est un cabinet ministériel. Moins on en sait, mieux tout le monde se porte. En outre, aurais-je obtenu un début de réponse que cela n'aurait pas changé le cours de l'histoire. Dans aucun de ces dossiers, je n'aurais pu, par ma seule intervention, ni arrêter ni dévier le sens des orientations prises. Je n'en avais pas le pouvoir ni même l'autorité hiérarchique. Ma seule arme aurait pu être un départ. On ne vit pas la démission en bandoulière mais on peut choisir son moment et ses sujets.

La volonté élyséenne de faire disparaître le juge d'instruction, pilier de notre système judiciaire, aurait sans doute mérité de monter à l'assaut. Pas à une transgression près, le chef de l'Etat avait profité de la rentrée solennelle de la Cour de cassation, le 7 janvier 2009, pour lancer son grand projet. Etait-ce à lui, le garant de l'indépendance judiciaire, de se livrer à une telle annonce ? En décidant de s'exprimer devant les plus hauts magistrats de France, alors que bon nombre d'entre eux étaient réticents à une telle évolution et que le travail de concertation avait à peine commencé, Nicolas Sarkozy n'avait sans doute pas mis toutes les chances du côté de sa réforme.

L'idée de supprimer le juge d'instruction n'était pourtant ni nouvelle ni aberrante. En 2006, la tragédie d'Outreau avait démontré les limites inhérentes à l'action d'un homme seul. La Commission d'enquête parlementaire n'avait alors pas voulu signer l'arrêt de mort de l'institution, préférant pallier la solitude du juge d'instruction par la collégialité et le regroupement en pôles. Peut-être, à ce moment-là, dans la foulée d'une affaire qui avait ému l'opinion publique et amené le Parlement à s'impliquer, aurait-il été possible de procéder à un grand toilettage de notre architecture judiciaire. Mais en lançant le débat hors contexte à des fins purement politiques, le chef de l'Etat avait peu de chances d'aboutir. Cela n'empêcha pas MAM, à peine nommée place

Vendôme, de prendre le mors aux dents. Elle lança des travaux parallèles à ceux menés par la commission Léger, qui avait été mise en place pour réfléchir sur le sujet avant que le débat ne soit préempté par le président de la République. Le rapport que rendit cette dernière excluait toute évolution du statut du parquet. Sans procureur indépendant, il devenait impensable de supprimer le juge d'instruction, même en faisant évoluer la procédure pour mieux garantir le droit des parties.

Un collègue et ami, haut magistrat de la Cour de cassation, m'avait alors mis en garde : « Tu devrais expliquer à ton ministre que cette réforme n'a pas de sens. » Passé par la Chancellerie en début de quinquennat, cet homme subtil et prudent en connaissait les chemins de traverse. « Fais une note de gueule », me recommanda-t-il pour emporter ma conviction. Une note de gueule ? L'expression me fit sourire, tant l'époque était assez peu propice à l'exercice en particulier et à la rébellion en général. Comment envisager de me livrer à un tel acte, pensais-je, moi qui n'avais jamais émis la moindre opinion critique à l'égard d'un ministre et d'un gouvernement que je servais ?

Il n'y eut pas de « note de gueule » signée de ma main, pas plus que de quiconque d'ailleurs, y compris de ceux qui auraient eu autorité pour le faire, et la réforme suivit son cours. Deux groupes de travail, dont l'un rassemblait des parlementaires et des universitaires sous la présidence du ministre, multiplièrent les réunions pour sortir le texte tant attendu. MAM faisait semblant de croire au projet qu'elle conduisait, alors qu'il était évident qu'au mitan du mandat, en pleine affaire Bettencourt, aucune des conditions politiques préalables à une telle réforme n'était réunie. Raisonnant en tacticienne, elle s'assigna un objectif politiquement moins risqué consistant, disait-elle, à réécrire la loi pénale afin de la rendre intelligible pour le citoyen. Une façon d'assumer l'abandon du grand projet du quinquennat.

Mais à chaque fois ou presque, j'aurais pu dire non et je ne l'ai pas fait. Aujourd'hui encore, je le regrette à l'endroit précis où se forme l'estime de soi-même.

Chapitre 8

Visionex, qui perd gagne

J'adore l'odeur du napalm, au petit matin.

Francis Ford Coppola,
Apocalypse Now

C'est à l'heure du laitier que la sonnerie de l'interphone de l'immeuble nous a surpris, ma famille et moi. « Police judiciaire », s'est entendu répondre mon épouse lorsqu'elle a décroché l'appareil pour ouvrir, étonnée de cette visite matinale. Une réplique de mauvais film pour un scénario qui ne l'était pas moins, avec trois hommes à ma porte venus m'interpeller dans le cadre de ce qu'ils appellent l'affaire Visionex, et qui deviendra bientôt l'autre « affaire » Sénat. « Nous avions pour instruction de venir vous chercher plus tôt, mais nous sommes au courant de vos ennuis, toute cette histoire de fadettes, du coup, nous avons pris notre temps », confessent-ils.

Coïncidence sans doute, mon placement en garde à vue et la perquisition de mon domicile qui l'accompagne interviennent exactement quinze jours après la médiatisation de mon soi-disant rôle dans les fuites de l'affaire Bettencourt. En associant mon nom à un obscur trafic de machines à sous, alors même qu'aucun ministre ni conseiller ayant eu connaissance du dossier n'est inquiété, je ne peux m'empêcher de penser qu'on veut me discréditer. Me déstabiliser. Laisser croire que j'aurais fauté dans un dossier technique, afin d'empêcher ma parole de porter dans l'« affaire des fadettes ». En tant que conseiller juridique au cabinet du ministre de l'Intérieur, j'ai eu à examiner le dossier Visionex. Je l'ai traité sous l'angle du droit et, avec d'autres, nous avons proposé une réponse. Le ministre a tranché. Point final. Pour moi, Visionex avait la teinte incolore et indéfinissable d'un dossier administratif que l'on traite sans affect ni attention particulière. Le genre de dossier que l'on oublie sitôt refermé. Et que l'on pense n'avoir jamais à rouvrir. Dans le cas de Visionex, d'autres en avaient décidé autrement.

Cette obscure histoire de machines à sous avait commencé en avril 2007, avant même que MAM n'ait pris ses fonctions à Beauvau. A cette époque, comme j'en ai été informé plus tard, le fondateur de la société Visionex avait fait le tour des administrations afin de faire homologuer son produit, une borne informatique permettant l'accès à Internet et à divers services. Ces machines, qui avaient vocation à être installées dans les cafés, venaient équipées d'un jeu proposé aux utilisateurs. La loi louis-philipparde encadrant très strictement l'installation sur le territoire de ce qui à l'époque s'appelait encore loteries avant d'être des machines à sous, le patron de Visionex avait sollicité les sous-directions des courses et jeux de la DCRG et des libertés publiques de la Direction juridique du ministère de l'Intérieur, ainsi que la Direction générale de la concurrence et l'administration des douanes afin de savoir si ces bornes risquaient ou non d'être assimilées à des jeux d'argent. Seule l'administration fiscale s'était prononcée explicitement en faveur de la légalité du projet. Les autres services s'étaient renvoyé la balle. L'absence de veto avait été interprétée comme un signe favorable par les dirigeants de la PME, qui en quelques mois avaient installé sept cents bornes un peu partout en France.

Un an plus tard, en mars 2008, le dossier Visionex se retrouvait sur mon bureau, au sommet d'une pile qui menaçait de s'effondrer. Chaque jour, en effet, une véritable pluie de sollicitations diverses et variées s'abattait sur les cabinets ministériels. Pour éviter la noyade un arbitrage permanent était nécessaire. Le tri n'était pas tant fondé sur le caractère pressant ou impérieux des demandes que sur la capacité de nuisance du requérant, au cas où il estimerait ne pas avoir été traité comme il le méritait. Plus encore que celui de la Justice, ou même de la Défense, le ministère de l'Intérieur, par l'amplitude de son rayon d'action, est un gigantesque bureau des pleurs. J'entends encore un préfet croisé chez des amis communs à l'été 2007 comparer l'occupant de la place Beauvau à Charles Quint, à la tête d'un empire sur lequel le soleil ne se couchait jamais, tant son étendue était vaste. Le parallèle était sans doute exagéré et prétentieux, mais il est vrai que la citadelle qu'est le bureau du ministre était sans cesse prise d'assaut. Un passeport en urgence pour l'un, un numéro d'immatriculation pour l'autre ; un renfort des forces de sécurité dans telle commune, un message lors d'une cérémonie cultuelle dans telle autre.

Ce matin-là, la demande avait pris la forme d'un appel en provenance de la Chancellerie. Il émanait de l'un de mes anciens collègues du cabinet Perben, à l'époque directeur adjoint du cabinet de Rachida Dati, ministre de la

Justice. « Rachida a été sollicitée par Albin Chalandon », me dit-il. L'emphase mise dans cette phrase d'introduction m'avait fait sourire intérieurement, tout en m'inquiétant un peu. Je sentais qu'elle marquait l'importance de la requête qui allait m'être soumise. Un ministre de premier plan, auquel on ne peut rien refuser, activée par un ancien garde des Sceaux : nul doute que la demande en question serait classée prioritaire. D'autant qu'à Beauvau comme à Vendôme, personne n'ignorait la proximité d'Albin Chalandon avec Rachida Dati, mise en scène par sa présence lors de la prise de fonctions de cette dernière place Vendôme, le 17 mai 2007. L'ancien ministre de Georges Pompidou, qui avait, comme tant d'autres, parrainé la jeune Dati pour son entrée dans la vie professionnelle, était aussi l'un de ses mentors en politique.

Très vite informée de cette requête, comme de toutes celles qui avaient une origine ou une nature politique, Michèle Alliot-Marie, qui entretenait de bonnes relations avec le garde des Sceaux de Nicolas Sarkozy, me chargea de traiter la demande. Chiraquienne en probation au ministère de l'Intérieur, fief sarkozyste s'il en fut, le ministre voulait satisfaire Rachida Dati ou tout au moins ne pas la contrarier. Deux camps cohabitaient, celui des anciens et des modernes, il fallait donc composer. Albin Chalandon, n'ignorant sans doute rien de ces rapports de force, m'appela et me proposa de déjeuner chez lui pour discuter du dossier plus en détail. Je reçus dans la foulée un second appel téléphonique, son fils Fabien, qui m'indiqua s'occuper des affaires de son père et me précisa les modalités de la rencontre. L'invitation ne manquait pas de me surprendre – l'usage voulant que ce soit le demandeur qui se déplace – mais je mettais cette exception sur le compte de la personnalité et aussi du grand âge de l'intéressé. Plus jeune, j'aurais sans doute laissé l'importun mijoter plusieurs semaines avant de répondre, mais l'expérience m'incitait à agir promptement. Quelque temps plus tôt en effet, mon manque d'entrain à recevoir des vétérinaires comportementalistes souhaitant être associés au projet de réforme du statut des chiens dangereux m'avait valu un rappel à l'ordre courtois mais non moins ferme du conseiller scientifique de l'Elysée, un éminent professeur de médecine. Je prenais donc l'appel des Chalandon au sérieux.

L'ancien ministre habitait un vaste appartement dans le VIIe arrondissement, non loin de la rue de Varenne et de Matignon. On pénétrait dans l'immeuble par un porche conduisant à un escalier sombre que desservait un ascenseur d'un autre âge. Au deuxième étage, le visiteur était introduit par une domestique en tenue. La distribution des pièces, typiquement haussmannienne, était aussi classique que la décoration. Au fond de l'appartement, dans le bureau, je fus présenté à mon hôte, qui m'accueillit de manière affable. Je ne décelai chez lui nulle trace de cette condescendance polie que marquent souvent les hommes politiques à l'égard des plus jeunes ou moins gradés et toujours à l'égard des fonctionnaires. Je fus surpris de retrouver sur place Jean-Marie Delarue, conseiller d'Etat, récemment nommé contrôleur général des lieux de privation de liberté. Sa présence ne me gênait pas, au contraire, elle m'apparaissait plutôt comme un gage de sérieux. « On est entre gens de bonne compagnie », me disais-je *in petto*, notant toutefois qu'elle ne cadrait pas avec le motif du déjeuner, présenté comme une sorte de réunion de travail. Le directeur adjoint du cabinet de Rachida Dati ainsi que Fabien Chalandon complétaient ladite compagnie. Très vite, la conversation roula sur le projet de loi pénitentiaire, en plein débat au Parlement. Le contrôleur général récemment installé faisait entendre une voix humaniste en défendant les aménagements de peine prévus par le texte, tandis qu'Albin Chalandon demeurait perplexe face à une réforme qui allait selon lui à l'encontre des objectifs en matière de sécurité intérieure. Notre hôte plaida longuement pour la création de prisons entièrement privatisées, sur le modèle américain, dont il prétendait avoir mesuré les avantages lorsqu'il était garde des Sceaux. L'ancien ministre avait la liberté de ton caractéristique de ceux qui ne sont plus aux affaires et qui peuvent s'autoriser toutes les audaces sans avoir à affronter le réel. Il ne cherchait pas à masquer son approche libérale de la gestion publique.

De Visionex, il fut brièvement question en fin de repas. Je comprenais à mots couverts que l'ancien ministre avait été contacté par le fondateur de la société qui s'estimait victime d'un malentendu administratif et lui demandait d'intercéder en sa faveur. Dans la version que l'on me servit en guise de digestif, le ministre de l'Intérieur ayant précédé MAM à Beauvau avait été consulté préventivement sur la légalité des machines en 2007. Il aurait alors donné un avis favorable par oral, sans jamais le confirmer par écrit. Une erreur expliquant que Visionex soit dans le viseur du parquet de Paris, qui soupçonnait la société d'exploiter clandestinement des bandits manchots et avait ouvert une enquête préliminaire.

Jamais la Chancellerie, pourtant à l'origine de l'intervention, ne me fera part d'une quelconque procédure judiciaire dans ce dossier. Ni à ce moment-là ni plus tard. Tout en me contant les malheurs de Visionex, Albin Chalandon s'impatientait : pourquoi le ministère de l'Intérieur faisait-il à présent le mort alors qu'il avait accepté à l'époque le principe d'une rencontre et d'une évaluation ? J'essuyais un torrent de critiques dénonçant l'arbitraire d'une administration aveugle, incapable de répondre aux citoyens et décourageant les chefs d'entreprise, seuls créateurs de richesses et d'emplois dans ce pays de fonctionnaires. Soudain redevenu le capitaine d'industrie qu'il avait été, Albin Chalandon s'insurgeait contre ces entraves absurdes et nous demanda d'aider « un homme de bonne foi pris dans les filets du système ». Il nous laissa ensuite entre les mains de son fils, banquier d'affaires, qui l'aidait, nous dit-il, « à rétablir la justice de manière désintéressée dans cette affaire ». Fabien Chalandon ne se contentait pas d'activer les réseaux hérités de son père, sollicitant ministres et parlementaires, il prenait publiquement position en faveur de Visionex, allant jusqu'à dénoncer dans une interview au *Parisien* la « manipulation » des services de l'Etat, ligués selon lui avec les services de renseignement pour protéger le monopole de la Française des Jeux et du PMU. « De là à parler de complot, il n'y a qu'un petit pas que beaucoup, dont moi, n'hésitent pas à franchir. C'est une affaire d'Etat », s'insurgeait-il. En 2009 était évoquée une possible connivence maçonnique dans un livre consacré au rôle des obédiences au sein de l'Etat signé par la journaliste Sophie Coignard[1].

De retour place Beauvau, je menai l'enquête, non pas sur le fond de l'affaire – le ministère de l'Intérieur ne pouvait se prononcer sur la légalité de celle-ci – mais sur l'existence de démarches et, le cas échéant, d'engagements pris par mes prédécesseurs. Il s'avérait que le dirigeant de Visionex avait bien été reçu par un sous-directeur des affaires juridiques chargé des activités soumises à réglementation. La démarche de l'entrepreneur, qui avait sollicité une autorisation informelle, hors de tout cadre juridique, dans un domaine aussi sensible que celui des jeux et machines à sous, n'était pas anodine : elle aurait dû attirer l'attention. Pourtant, je n'avais jamais été informé de cette réunion. Cette discrétion m'intriguait d'autant plus que le cabinet du ministre était habituellement interpellé sur tous les sujets, même les plus futiles, par des services désireux de se couvrir. Impossible de savoir quels avaient été l'objet de la réunion, la nature et

____

1. *Un Etat dans l'Etat*, Albin Michel, 2009.

la portée des garanties qu'aurait données le ministère. Je me heurtais à un mur de silence et n'obtiendrais une réponse écrite que bien plus tard, en insistant lourdement. Parmi les informations glanées, j'appris que l'avocat de Visionex, celui qui avait accompagné le PDG de la société dans ses démarches, était un spécialiste en droit des activités de jeux et assimilées. Il s'agitait beaucoup, tant auprès des institutions françaises qu'à Bruxelles, participant à force colloques et tables rondes sur le sujet. Des manifestations où il lui arrivait de croiser des politiques, notamment le sénateur du Var et ancien maire de Toulon François Trucy, spécialiste de la question au sein de la chambre haute.

Il était difficile de tirer une quelconque conclusion de mes recherches, si ce n'est que le ministère de l'Intérieur avait commis l'imprudence de recevoir des personnes alors qu'il n'aurait pas dû le faire et donné un avis qu'il n'avait pas à donner. Le mal était fait. Le ministre et son directeur de cabinet acceptèrent, en avril 2008, de recevoir le patron de Visionex et son avocat. J'apprendrais plus tard que le bras droit du ministre avait été appelé par Albin Chalandon en personne, sans doute après que ce dernier eut parlé à Michèle Alliot-Marie elle-même. L'ex-garde des Sceaux avait dû se montrer persuasif car, moins d'un mois plus tard, j'assistai à une réunion dans le bureau du directeur de cabinet en présence du dirigeant de Visionex et de son avocat. L'entrepreneur et son conseil évoquèrent les déboires judiciaires de la société, mais nous nous refusâmes à aborder ce point, une information judiciaire étant possiblement en cours. Nous écoutâmes en revanche l'argumentaire des deux hommes, qui bataillaient afin d'obtenir un avis favorable à l'exploitation d'une nouvelle génération de machines. Avant de partir, ils remirent au directeur de cabinet une volumineuse documentation technique et juridique immédiatement expédiée pour expertise à la Direction des affaires juridiques.

Pourquoi s'acharner à donner un avis qui n'était pas requis ?

Si je ne m'étais pas laissé aveugler par la prestance de l'ancien garde des Sceaux, résistant respecté et figure politique de la Ve République, six fois ministre sous Georges Pompidou, je me serais peut-être interrogé un peu plus longuement sur ses motivations. Et j'aurais découvert, comme mes parents et des collègues me l'ont rappelé par la suite, que son parcours politique n'avait pas été sans accrocs. Car si Albin Chalandon n'avait jamais été condamné ni même inquiété par la justice, son nom était apparu en marge de divers scandales politico-financiers des années 1970-1980. Ministre de l'Equipement de Pompidou à la fin des années 1960, Albin Chalandon vit ainsi son premier mandat secoué par l'« affaire Aranda », du nom de l'un de ses collaborateurs qui avait transmis à la presse la copie de dizaines de demandes d'intervention envoyées au ministre par des personnalités en vue. L'homme était également, à tort, soupçonné d'avoir favorisé certains entrepreneurs dans le cadre du vaste programme des « chalandonnettes », ces logements à bas coût dont il avait soutenu la construction. De retour au gouvernement en 1986, à la faveur de la cohabitation, il fut éclaboussé par l'affaire Chaumet. Bien plus tard, c'est sous sa présidence que le pétrolier Elf tomba dans le piège des « avions renifleurs », qui coûtera à l'Etat français plusieurs millions de francs. Dans aucune de ces affaires, sa probité n'avait jamais été contestée. Il venait d'être fait grand-croix de la Légion d'honneur par Nicolas Sarkozy. Quant aux instructions du ministre elles étaient claires : il ne fallait pas mécontenter Rachida Dati.

Ayant derrière elle de nombreuses années d'exercice du pouvoir, Michèle Alliot-Marie avait conscience que sa position était fragile dans ce ministère de l'Intérieur tenu par l'Elysée, à mi-chemin entre la tutelle renforcée

et la régie directe. Elle ne voulait pas s'alié-
ner la Justice et son influente patronne. Or
chacun sait que c'est rarement du fond d'un
dossier que surgissent les pires guerres ou
querelles de gouvernement, mais plutôt de
dossiers anodins à première vue et traités
avec une légèreté jugée coupable. Embrin-
gué dans cette affaire, je ne percevais pas
derrière les manœuvres de Visionex autre
chose qu'une offensive de lobbying classique,
dans un contexte d'effervescence du secteur
des jeux. Le cabinet était à cette époque pris
d'assaut par les casinotiers, qui sollicitaient
l'extension de leur domaine d'activité et du
nombre de machines à sous. Les exploitants
de cercles de jeu se faisaient eux aussi très
pressants, réclamant une évolution du droit
applicable à leur activité. Les uns et les autres
obtiendront satisfaction. L'affaire avait été
facilitée par le départ contraint du président
de la Commission supérieure des jeux, un
conseiller d'Etat à la rigueur et à la prudence
jugées excessives par les propriétaires de certains établissements placés sous sa tutelle.
C'est sans doute un hasard si, plus tard, des
investigations judiciaires autour des cercles
Wagram, Concorde et de l'Aviation Club de
France mettront en lumière les liens entrete-
nus par plusieurs actionnaires avec certains
membres des services de police.

Si MAM avait accepté de recevoir le patron de Visionex, elle ne lui promettait rien sur le fond, si ce n'est de lui communiquer via le cabinet une réponse en forme d'avis sur la nouvelle génération de machines. Deux courriers furent alors préparés par les services du ministère. Le premier devait refermer le dossier politiquement. Il s'agissait d'une lettre de ministre à ministre qui serait envoyée par Michèle Alliot-Marie à Rachida Dati. Le ministre de l'Intérieur y expliquait avoir fait le nécessaire pour traiter la demande d'Albin Chalandon conformément à son souhait, signait et ajoutait même une formule personnelle à la main. Cette mention, quoique assez courante entre membres du gouvernement, n'était nullement obligatoire et attestait du fait que le ministre avait pleinement endossé la missive. Ce courrier relevait de sa seule responsabilité : personne n'avait pu la forcer à signer une lettre anodine, au contenu politique, adressée à son homologue. Le second pli, daté du 11 juillet 2008, était paraphé par le directeur de cabinet de Michèle Alliot-Marie, après qu'il l'eut corrigé et modifié de sa main. Très technique, il rappelait les conditions fixées par la Cour de cassation pour apprécier la légalité des machines. « Ce jeu ne paraît pas constituer une loterie prohibée au sens de la loi du 21 mai 1836 et les bornes interactives ne paraissent pas non plus assimilables à des machines à sous au sens de la loi du 12 juillet 1983 qui les interdit », était-il écrit. La tonalité du courrier était plutôt positive, mais il était bien rappelé que seul le juge serait en mesure de trancher *in fine.* Lui aussi lut avec soin, corrigea et signa ce courrier qui l'engageait.

Je n'entendrais plus parler de l'affaire Visionex jusqu'au printemps 2010. J'appris alors qu'une nouvelle information judiciaire visant les dirigeants de la société avait été ouverte, à Paris cette fois. La sous-direction des courses et jeux, déjà à l'origine de la première enquête, estimait que rien n'avait changé depuis 2008 et que les nouvelles bornes étaient toujours des machines à sous clandestines dissimulées sous une autre apparence commerciale. Au cours de ses investigations, la juge d'instruction chargée de l'information découvrit que le courrier du ministère avait été détourné pour prendre la forme d'autorisations qui n'en étaient pas. Le gérant de Visionex l'avait dupliqué et commenté pour appâter les cafetiers de certaines zones rurales, dans une haute vallée de l'Aude, encore loin du haut débit. Cela ne me préoccupa pas outre mesure, nous n'étions pas responsables de l'utilisation qui avait pu être faite de cette missive administrative. D'autant qu'entre-temps, le ministre avait quitté Beauvau pour la place Vendôme. Le dossier ne nous concernait plus puisqu'il relevait du ministère de l'Intérieur. Albin Chalandon continuait pourtant à m'appeler régulièrement. Ou plutôt à tenter de le faire. J'avais donné des consignes à ma secrétaire : impossible à présent à la Chancellerie de nous impliquer si peu que ce soit dans une affaire comportant une dimension judiciaire. Tenace et influent, l'ancien garde des Sceaux parvint pourtant en septembre 2009 à se faire inviter à déjeuner par le ministre, ce que j'apprendrais plus tard, incidemment. A cette occasion, l'ancien président d'Elf lui remit une nouvelle note sur le dossier Visionex dans laquelle il se plaignait de mon comportement et déplorait que je ne m'occupe plus de « son affaire », sollicitant même que lui soit affecté un nouvel interlocuteur au sein du cabinet. Courroucée, MAM m'invita alors à manifester davantage d'attention à ce dossier, me rappelant au passage que les fonctions de cabinet étaient aussi et avant tout politiques. Je m'étonnai de l'énergie déployée par le fringant retraité, qui devait sans doute avoir mieux à faire que de passer ses journées à batailler pour une obscure PME. Erreur. Le politique a toujours raison, quoi qu'il arrive.

La procédure en cours – que jamais le ministre n'évoquera devant moi et que j'ignorais – finira par révéler que l'intervention de Fabien Chalandon était tout sauf désintéressée. Ses interventions étaient rémunérées. Le fils attentionné, qui faisait état d'une profession de banquier d'affaires, travaillait en réalité comme consultant pour Visionex. Suspecté d'avoir monnayé ses démarches auprès de MAM, il serait mis en examen en mai 2010 pour « exploitation illicite de machines à sous » et « trafic d'influence ». L'affaire est en cours et n'a pas encore été jugée. Rachida Dati était elle aussi, l'espace d'un instant, prise dans la tourmente d'une affaire qui devenait politique : un courrier embarrassant pour l'ex-garde des Sceaux. Il s'agissait d'une lettre signée de Michèle Alliot-Marie portant en marge une mention manuscrite attribuée par *Le Canard*[1] à Rachida Dati, rédigée comme suit : « Merci de clôturer les investigations dans le cadre de la commission rogatoire, car la bonne foi a été établie. » L'annotation, que l'ex-garde des Sceaux disait être une « imitation », laissait penser qu'il avait pu y avoir des pressions de la Chancellerie sur le juge lors du premier procès Visionex de 2008. Alors qu'elle

----

1. 6 octobre 2010.

avait menacé de porter plainte pour « faux », Rachida Dati n'en avait rien fait. Evidemment. Plus tard, alors que j'étais interrogé par la police, je rappelai aux fonctionnaires amusés et pas dupes qu'il était évidemment impossible de procéder à une intervention de ce type dans un dossier confié à un juge d'instruction.

La logique aurait voulu que MAM soit entendue. Elle ne le sera jamais. Pas même comme témoin. Le signe d'une époque où tant de serviteurs répondaient des agissements de leurs maîtres irresponsables ou disposant de privilèges de juridiction d'une autre époque. L'importance réelle, ou fantasmée dans mon cas, accordée aux entourages des politiques, à commencer par celui du premier d'entre eux, donnait à penser que la République était devenue celle des conseillers.

CHAPITRE 9

De l'autre côté du miroir

*« Comment savez-vous que je suis folle ? »
demanda Alice. « Il faut croire que vous
l'êtes, répondit le chat, sinon vous ne
seriez pas venue ici. »*

LEWIS CAROLL

Quelques jours avant d'être placé en garde
à vue, j'étais indirectement prévenu de mon
éventuelle audition à venir par un haut responsable de la police judiciaire parisienne,
visiblement peu soucieux du secret de l'instruction. Il en avait parlé à l'une de mes
connaissances, peut-être à dessein. Imprudence sans doute, même si je n'étais ni ancien
ministre de l'Intérieur ni même préfet. L'idée
de me retrouver enfermé et questionné pendant des heures m'angoissait. Cette inquiétude était renforcée par le fait que le service
saisi, la Brigade de répression du banditisme
– BRB pour les initiés –, réveillait en moi
des souvenirs aussi violents qu'éloignés de ma

propre situation : l'arrestation des auteurs du braquage de la bijouterie Harry Winston ou encore la traque des Pink Panthers... Etais-je donc un danger public, qu'il faille ainsi me mettre entre les mains de policiers chargés de traquer les truands ? Je tentais de me rassurer en me disant qu'il s'agissait simplement du service de la PJ parisienne spécialiste des courses et jeux, logiquement saisi dans l'affaire des machines à sous Visionex. Magistrat de formation et de profession, je connaissais chacune des étapes de ce voyage de vingt-quatre heures, parfois quarante-huit, qu'était la garde à vue.

Non sans une amère ironie, j'étais le cobaye de procédures judiciaires que j'avais défendues contre toute tentative d'évolution lors de mes passages comme conseiller dans les trois ministères régaliens. La garde à vue, sujet obscur dont personne ne s'était jamais soucié au sommet de l'Etat, était devenue sous Nicolas Sarkozy un objet d'intenses débats politiques. Officiellement, il s'agissait de mieux encadrer ces épisodes de privation de liberté jusque-là laissés à l'appréciation du juge. Limiter aussi des mesures coûteuses pour les services de police et de gendarmerie. L'interpellation sur mandat d'amener d'un journaliste du quotidien

Libération, cueilli comme moi de bon matin, avait provoqué une vive émotion au sein de sa profession, mais également au-delà. L'explosion du nombre de « GAV », comme on dit dans le jargon, ne soulevait pas seulement des difficultés pratiques aux services de police judiciaire chargés de les mettre en œuvre : elle suscitait également l'inquiétude des dirigeants politiques, susceptibles d'en être un jour les victimes. La liste des élus gardés à vue sortis de leurs rangs comptait déjà à l'époque quelques figures de la droite comme de la gauche. Elle s'est considérablement allongée depuis.

Vue de mon bureau de conseiller, cette réforme en valait une autre. Elle ne me concernait pas plus que la remise à plat de la réglementation sur les chiens dangereux ou sur les manèges des fêtes foraines. Je l'avais traitée sous un angle technique. A Beauvau, ministère de la police, j'avais sans m'en apercevoir un peu endossé les habits du flic et décrété que la présence de l'avocat pendant la garde à vue, accordée par des arrêts précurseurs de la Cour européenne des droits de l'homme, risquait de nuire au taux d'élucidation des affaires. A la Chancellerie, j'avais changé mon fusil d'épaule pour me ranger cette fois du côté des chantres de l'Etat de droit et autres défenseurs des libertés individuelles. J'étais alors soucieux de ne pas attirer au ministre la vindicte des avocats. Au fond, peu m'importait. La garde à vue, c'était pour les autres : les automobilistes en état d'ivresse, les petits délinquants, les voleurs, les violeurs, les violents…

Ce 28 septembre, je me retrouvai dans un local exigu de la BRB, au 36 quai des Orfèvres. Me voilà passé de l'autre côté du miroir, ou devrais-je dire de la glace sans tain ? Pour moi qui n'avais en tête que les gardes à vue viriles et souvent sans rapport avec la réalité des polars qui passaient à la télévision, l'épreuve n'était pas là où je l'attendais. Les policiers ne faisaient preuve d'aucune brutalité, pas plus que de violence verbale ou de vulgarité gratuite. Ils m'opposaient une politesse mâtinée de propos parfois goguenards. J'écopai ainsi de quelques commentaires acerbes sur le montant de mes revenus, pourtant classiques pour un agent de l'Etat membre de cabinets ministériels depuis plusieurs années. Contrairement à d'autres, je n'avais jamais perçu de primes indues. Nous étions tous loin de nous douter à ce moment-là qu'en dépit des règles en vigueur depuis 2001 et de la destination naturelle de ces fonds, une partie de l'argent supposé servir à rémunérer les indicateurs pouvait avoir servi de complément de rémunération au directeur de cabinet du ministre de l'Intérieur, ces faits étant l'objet d'une procédure actuellement en cours et n'ayant pas donné lieu à condamnation à ce jour.

Les policiers qui m'interrogeaient étaient bien renseignés. Une réquisition auprès de ma banque et de l'administration fiscale leur avait donné accès aux données relatives à mon patrimoine, qui ne révélèrent d'ailleurs rien, si ce n'est l'absence de tout flux financier anormal. Il n'y avait pas eu d'enrichissement personnel. Bizarrement, cet élément à décharge ne semblait intéresser personne, pas plus la juge d'instruction devant laquelle je serais déféré plus tard, que les enquêteurs qui menaient l'interrogatoire. Il s'agissait de fermer une porte, une fenêtre, ou je ne sais quel soupirail dont mes contradicteurs pensait qu'il pourrait les amener sur le terrain d'une improbable corruption passive. On ne sort jamais de l'ambiguïté autrement qu'à son détriment. J'en conclus naïvement qu'ils seraient forcés de concéder que leurs investigations les avaient conduits dans une impasse.

J'essayais de me rassurer en me raccrochant à la procédure et à ses aspects techniques. Je déroulais mentalement le film et ses différents épisodes. Je tentais de me persuader que j'étais un observateur d'une procédure dont je ne connaissais que la dimension théorique.

Ils étaient trois à me questionner alternativement. Tous membres de la section courses et jeux de la BRB. Un commissaire, un commandant, un brigadier. Le reflet de la structure des emplois de la police nationale. Les fonctionnaires se répartissaient les rôles tant sur la forme que sur le fond. Il revenait au commissaire, adjoint du chef de la brigade, de mener l'interrogatoire dit de grande identité. Il m'emmena dans son bureau où régnait un sympathique désordre, mêlant objets de tradition chers à la police, affaires de sport et autres gris-gris personnels. A son invitation, je déclinai mon identité, ma filiation, mon adresse, ma profession, la détention du permis de conduire, sa date de délivrance, celui de chasser, les étapes de ma carrière. Tout cela me paraissait absurde, ces éléments étant à la fois publics et sans grand intérêt. C'était l'usage. Je répondais donc machinalement, sans entrer dans les détails. Le commissaire, neutre dans son attitude, ne me reprenait pas. Il me donnait l'impression, sans doute erronée, qu'il n'était pas au cœur de l'enquête. Je ne le reverrais plus au cours des quarante-huit heures que durerait la garde à vue.

Le brigadier, plus incisif, semblait investi – toutes proportions gardées – du rôle du

« méchant ». Le PV de « chique », celui qui traditionnellement consigne les mensonges ou dénégations du suspect en début de garde à vue, était pour lui. Il enchaînait les remarques désagréables et me fit ainsi observer que j'avais écrit au juge pour demander à être entendu, sans qu'il soit besoin de m'interpeller comme si j'étais en fuite. Etait-ce un sacrilège. Je ne lui répondis pas. En quoi cela le regardait-il ? J'avais en effet écrit au juge. Le courrier ne serait jamais joint à la procédure.

Mais il y avait plus grave encore. Il constatait dans son PV qu'après exploitation des documents bancaires et fiscaux, « il n'appert aucun élément permettant d'orienter favorablement l'enquête ». En d'autres circonstances, le caractère désuet et caricatural de la formule, qui appartient aux usages jadis en vigueur à la Cour de cassation plus que dans la police, m'aurait fait sourire. Placé sur le banc des accusés d'office, je voyais surtout dans l'emploi de cette expression la preuve de l'inexistence d'une quelconque enquête à décharge. L'absence de flux financier suspect sur mes comptes ne permettait pas d'« orienter favorablement » les investigations. Quel était le sens favorable des investigations si ce n'est celui qui conduisait inéluctablement à la culpabilité d'un suspect ?

Je regrettais, même si cela ne servait à rien, d'avoir trop souvent entonné l'air du temps, et répété comme si cela allait de soi que la présence d'un avocat aux côtés du suspect était un luxe inutile, un frein à la progression de l'enquête et à l'efficacité de la répression. Je me rassurais ou tentais de le faire en me répétant que je n'avais fait dans l'affaire Visionex que mon travail, en instruisant une requête politique, transmettant un avis juridique, puis relayant les positions de ma hiérarchie. Mais était-ce vraiment rassurant ? Seul face à plusieurs enquêteurs, je me sentais démuni, surtout lorsqu'on m'opposait des pièces que je n'ai jamais vues ou dont j'avais depuis longtemps oublié le contenu.

L'interrogatoire alternait rudesse et moments de plus grande compréhension, ou simplement de baisse d'intensité. Je me remémorais alors les nombreux témoignages de personnes entendues faisant état d'un phénomène de balancier entre séquences dures et séquences douces lors des auditions. Je pensais jusque-là qu'il s'agissait d'une manœuvre de déstabilisation psychologique du gardé à vue. Je me rendis compte à l'épreuve des faits que ce comportement n'obéissait en réalité à aucune stratégie prédéfinie. En me mettant un instant à la place des policiers, je constatais qu'il était tout simplement impossible de maintenir une pression continue sur quelqu'un qui résistait, même passivement, pendant plusieurs heures d'affilée. L'officier, un commandant, menait la danse. J'apprendrais au fil de nos échanges qu'il était breton, originaire du Léon dans le Finistère nord. Froid et rugueux dans son style, l'homme était professionnel. Il connaissait son dossier et tentait de me pousser dans mes retranchements par des questions précises, parfois agressives : « Quel était votre rôle exact ? Pourquoi avoir géré le dossier Visionex ? Pourquoi avoir favorisé le développement de machines à sous ? Vous rendez-vous compte des conséquences de vos actes sur la santé des joueurs ? » J'étais tenté de lui parler, plus en détail, des cercles et des casinos, dont les dirigeants étaient si proches du pouvoir. De cet industriel qui avait œuvré pour que le gouvernement français accepte l'ouverture des jeux en ligne, et qui l'obtiendrait. Des protections dont disposaient certains actionnaires des cercles de jeu à Paris. Des protections policières dont ils disposaient et dont deux juges d'instruction avaient relaté le rôle dans une ordonnance de règlement rendue publique : « La présence d'anciens fonctionnaires de police au sein des instances dirigeantes des cercles de jeu parisiens et l'apparition à plusieurs reprises du nom de Bernard Squarcini directeur central du renseignement intérieur tout au long de la procédure jetaient le trouble sur les liens pouvant exister entre les mis en cause et le milieu policier[1]. » Je n'étais évidemment pas en situation pour le faire.

Je découvrais aussi que le point de départ de l'enquête était une plainte de la femme d'un joueur adressée curieusement au ministère des Finances. En moins de huit jours, cette plainte avait été transmise à la police et avait donné lieu à l'ouverture d'une enquête. Une telle célérité continue aujourd'hui encore de m'étonner. Quand plus tard, je tenterai d'en savoir plus, certains évoqueront devant moi la manipulation d'un opérateur de jeux en ligne très en vue, craignant l'arrivée de la concurrence avec les machines Visionex.

Au bout d'un certain temps, je ne parvenais plus à parler. Je mourais de soif et demandai à plusieurs reprises à boire. On m'y autorisa et je me rendis aux toilettes sans surveillance. L'endroit était assez propre. Je le remarquai, même si je me dis que je devrais penser à tout autre chose. Réflexion d'un usager de station-service d'une aire d'autoroute, pas de gardé à vue. On me donna ensuite une bouteille vide que je remplissais et buvais d'un trait presque toutes les heures. J'étais en revanche

---

1. *Media-Presse*, 24 septembre 2013.

incapable d'avaler quoi que ce soit. Non parce que je refusais, mais parce que c'était impossible. Les circonstances n'étaient certes pas de nature à m'ouvrir l'appétit. Le fonctionnaire de police à qui je faisais face, qui semblait plus inquiet pour lui que pour moi, s'en émut et consigna sur procès-verbal mon « refus de m'alimenter ». Ce qui m'était proposé n'avait pourtant rien de l'infâme bouillie ou du sandwich de gare que j'aurais imaginé. On me donnait à choisir entre plusieurs plats cuisinés qui devaient être réchauffés dans un four à micro-ondes : tagliatelles à la bolognaise, spaghetti al pesto… Quoique apparemment frais et appétissants, ces plats me paraissaient dégager une telle odeur que je ne pouvais me résoudre à les consommer. J'aurais voulu pouvoir me forcer, pour ne pas donner l'impression que je faisais la fine bouche. Il y a longtemps, j'avais été frappé par le récit fait par Roman Polanski de son incarcération au pénitencier de Chino, en 1978. Il y relatait notamment sa volonté de coopérer en toutes choses avec la justice, jusqu'à avaler un plat de côtes de porc en sauce en guise de petit déjeuner. J'en conclus qu'il était plus fort que moi, ce dont je n'avais jamais douté.

Assez vite, je me sentis acculé. Incapable de répondre ou d'articuler un raisonnement. Cela ne devait pas correspondre à l'idée que mes contradicteurs se faisaient d'un ancien membre de cabinet ministériel. Pourquoi avoir organisé ce trafic de machines à sous ? Les questions tournaient en boucle et me ramenaient inlassablement à cette seule interrogation. Je songeai un instant à garder le silence et à refuser de répondre. Je me rendis compte rapidement que la chose était impossible. Pour tenter d'échapper aux poursuites, il fallait tenter de répondre aux accusations. Pour me défendre, me souvenant des conseils de mon avocat, je m'efforçai de rappeler des choses simples – que je n'étais pas décisionnaire, que je n'étais qu'un simple conseiller qui, comme son titre l'indiquait, proposait mais ne tranchait pas –, que surtout le ministère de l'Intérieur n'avait jamais autorisé quoi que ce soit. Rien n'y faisait. Mes interlocuteurs ignoraient tout du fonctionnement d'un cabinet ministériel, ce qui était logique. Ils n'entendaient pas mes arguments, n'admettaient pas mes explications. On me reprochait les deux lettres, l'une signée par Michèle Alliot-Marie, l'autre par son directeur de cabinet. C'était absurde. Ces courriers n'étaient pas les miens. Je compris que je ne convaincrais pas. Je n'étais pas là pour ça. L'issue était déjà écrite : prolongation de la garde à vue, présentation au juge et enfin mise en examen. Déferrement, comme nous autres magistrats le disons dans un mauvais français qui évoquait davantage les soins donnés à des chevaux de trait qu'une procédure placée sous le contrôle d'un juge... La nuit tomba sur le premier jour de garde à vue. On me ramena dans la salle des geôles. On me dispensa d'y dormir et j'y fus sensible, même si je dus m'allonger sur un banc plutôt étroit en guise de lit. Je ne l'échangerais pas pour le châlit et la couverture qui sont le mobilier des cellules. Je m'endormis par intermittence. Cela me rappelait les voyages dans le train de nuit entre Paris et Toulouse quand j'étais enfant. Cette fois on ne s'arrêtait pas à Limoges-Bénédictin ou à Brive-la-Gaillarde. Je ne descendais pas à la gare de Matabiau qui avait un parfum de vacances. Je restais à quai. Ou plutôt dans un train lancé à grande vitesse.

Au matin, l'attente reprit. Interminable. Puis les interrogatoires, interrompus par l'attente comme la veille. Mon contradicteur devenait plus vif. Je compris que lui aussi était fatigué, même s'il avait dormi chez lui dans de bonnes conditions. Préoccupé peut-être. Il s'interrompait pour répondre à sa fille au téléphone comme le ferait tout père de famille. La nuit tomba sur le deuxième et dernier jour de la procédure. Dernier interrogatoire. Celui-ci commença bizarrement à près de vingt et une heures alors que j'avais attendu une bonne partie de la journée. Il n'y avait là aucun stratagème, juste une gestion artisanale des moyens quand les procédures devenaient de plus en plus complexes. A minuit, je me sentis vide. Pas épuisé mais vide. Je ne savais plus quoi répondre. Le policier devait faire un compte rendu au juge sur son portable. Par réflexe, je me levai pour m'éloigner comme je l'aurais fait en toute autre circonstance. Je m'aperçus qu'en voulant être poli je mettais le fonctionnaire dans l'embarras. Je ne pouvais évidemment pas assister à l'entretien. Je tentai de rassurer mon interlocuteur dans un improbable jeu à contre-emploi : « Je ne ferai pas de bêtise », dis-je en haussant les épaules. Il ne me croyait manifestement pas. Son métier consistait à ne croire personne. Je lui proposai alors de m'éloigner dans le couloir dans l'axe de son bureau, afin qu'il puisse ainsi me suivre du regard. « Garde à vue », lui dis-je en espérant le dérider. Peine perdue. Il se rallia sans sourire à ma proposition, faute d'alternative, et j'allai m'asseoir dans un fauteuil au bout du couloir face au policier qui me suivait des yeux tout en parlant au téléphone. Inutile d'essayer de deviner le contenu d'une conversation dont je connaissais par avance l'issue. Il devait être déçu. Je n'avais rien dit d'intéressant. Encore quelques heures et je serais dans le bureau du juge...

On me reconduisit à l'endroit où j'avais déjà séjourné sinon dormi la nuit précédente. J'étais seul dans une grande salle donnant sur un alignement de plusieurs cellules aux portes transparentes, surveillée par un fonctionnaire assis derrière une petite table. Une radio diffusait de la musique en sourdine. Je reconnus avec plaisir un titre de mon enfance, « You've got a friend ». Où était-il au juste, cet ami ? me dis-je. Mesure de faveur ou mauvaise gestion hôtelière limitant le nombre de places disponibles en cellule, j'étais de nouveau dispensé de gagner l'une de ces geôles. Au milieu de la nuit, je vis entrer dans une cellule une jeune fille manifestement originaire d'Europe centrale, sorte d'Adriana Karembeu ou Maria Sharapova en miniature. Je me dis que tout cela n'arrivait que dans la vraie vie. Devinant ou devançant mon interrogation, le fonctionnaire qui gardait la pièce lança à voix basse : « Proxénétisme. Toujours la même chose. » Instant d'humanité dans cet environnement absurde.

Quand enfin au matin on vint me chercher, je crus la fin de ma mise à l'épreuve arrivée. J'imaginais être immédiatement reçu par le juge, ou à tout le moins assez rapidement.

Erreur ! Je n'ignorais pourtant pas que dans les tribunaux dotés d'un dépôt, sorte de cellule temporaire, les personnes sortant de garde à vue peuvent y être conduites en attendant d'aller chez le juge. En 2002, collaborateur de Dominique Perben à la Chancellerie, j'avais assisté à un déjeuner avec quelques collègues et le procureur de Paris, Yves Bot, qui avait plaidé pour l'encadrement de cette période. Le séjour au dépôt n'était alors pas limité dans le temps et pouvait durer vingt-quatre heures. Je nous revois encore, sceptiques, peu convaincus de la nécessité d'une telle mesure. Dans la foulée de la loi du 9 mars 2004, qui avait finalement tranché pour une durée maximale de rétention de vingt heures au-delà de la garde à vue, Dominique Perben avait fait procéder à des travaux dans ces locaux vétustes. Me revenait alors en mémoire une visite que nous avions effectuée ensemble de ces lieux. Pendant que je parcourais nonchalamment les geôles rénovées, je n'imaginais pas bénéficier un jour de ces dispositions juridiques et matérielles...

J'arrivai au dépôt escorté d'un policier, après que l'on eut prélevé sans ménagement mes empreintes digitales, seul et unique moment de rudesse dans une séquence désagréable, mais dans l'ensemble courtoisement conduite. Je pensais séjourner là quelques heures tout au plus, le temps que débute la journée judiciaire – parfois un peu plus tard, il est vrai, que de raison. Une fois dans les lieux, je constatai les efforts faits pour rendre les locaux dignes. Une pièce fraîchement repeinte et claire. Un lit encastré dans le mur. Un lavabo et des toilettes cachées derrière la tête de lit. Le fonctionnaire me tendit une brique de jus d'orange et un paquet de biscuits. Je m'étendis et m'endormis comme une masse. Je me réveillai lorsqu'il vint me chercher, pensant qu'il était tout au plus neuf ou dix heures du matin. Privé de montre, nauséeux et ensommeillé, j'étais complètement désorienté. Je trébuchai et manquai de me retrouver à terre. Le fonctionnaire de police m'aida à demeurer debout. Après avoir emprunté le passage souterrain qui relie la Préfecture de police au Palais de justice, nous parvînmes à la galerie du service général de l'instruction où je retrouvai mon avocat. Il m'informa qu'il était plus de dix-sept heures. J'avais donc passé dix heures au dépôt, sans aucune justification. En effet, lorsque j'interrogeai mon avocat, il me répondit que le juge avait prétexté des actes et auditions. Je ne m'attardai pas sur le sujet, et j'entrai avec mon conseil dans un box vitré destiné aux entretiens avec les avocats pour prendre connaissance du dossier de l'accusation. Près de soixante heures après le début des interrogatoires, je pouvais enfin, en quelques minutes, lire les pièces numérisées sur lesquelles se fondaient mes contradicteurs. Mais à l'époque, cela ne choquait personne. Même pas moi. Quelques mois plus tard, la Cour de cassation viendra imposer une évolution que la loi consacrera. Sur un ordinateur portable, nous consultâmes fébrilement les documents.

Il était temps d'entrer dans le cabinet du juge. Ce fut bref et douloureux. Nous étions assis magistrat face à magistrate mais elle s'adressait à mon avocat comme si je n'étais pas là. J'assistais à une scène se déroulant entre deux auxiliaires de justice, tableau dans lequel le collègue que j'étais n'avait pas sa place. Je prenais alors conscience qu'à ses yeux, je n'étais qu'un délinquant. « Vos déclarations sont totalement insatisfaisantes », me dit-elle avec un mépris non dissimulé. J'étais interloqué. Que voulait-elle dire ? Que mes propos n'étaient pas cohérents dans mon propre intérêt ? Ou alors et plus sûrement qu'ils n'apportaient pas d'eau au moulin de l'accusation, position pour le moins surprenante venant d'un juge d'instruction, juge certes, mais aussi véritable autorité de poursuite dépourvu d'impartialité ? La seconde hypothèse devait être la bonne puisque j'étais mis en examen, contre l'avis du parquet, pour « complicité d'exploitation illégale de machines à sous ». Complice de qui, au juste ? Jamais au cours d'une instruction de plus de trois ans une quelconque réponse ne fut apportée à cette question élémentaire. Complice comment ? Pas plus de réponse qu'à la question précédente.

Ce n'était pas fini. J'étais placé sous contrôle judiciaire. Interdiction d'entrer en relation avec les mis en examen. Interdiction de quitter le territoire national. Le juge envisageait également un cautionnement et l'interdiction d'entrer en relation avec le ministre. Mon avocat monta au créneau pour démontrer l'absurdité de ces requêtes. N'ayant réalisé aucun profit, et étant par conséquent peu susceptible d'être condamné à une forte amende, pourquoi aurais-je dû verser une caution ? L'interdiction d'échanger avec MAM était tout aussi absurde, puisque à aucun moment il n'était prévu de l'interroger, et que sans forcer sa nature, elle avait eu soin de prendre ses distances. Sans doute voulait-on laisser accroire qu'elle serait prochainement convoquée pour témoigner, à moins qu'il ne s'agisse d'une simple mesure vexatoire ? Mon avocat, très calme de tempérament, haussa le ton et prévint que dans ces conditions, il saisirait la chambre de l'instruction pour faire appel de ces dispositions. Le juge recula et renonça. Une victoire plus psychologique que réelle dans ce long combat singulier qui n'avait tourné qu'en ma défaveur. Je respirais. Il y avait quand même un point positif : nous quittions le Palais de justice.

Je retrouvai les miens, chez moi. Je pris connaissance des messages de soutien, nombreux, qui étaient parvenus à ma femme et à mes enfants pendant cette épreuve. Des amis anciens et fidèles. D'autres récents, mais non moins proches. Des membres du cabinet auquel j'appartenais quelques mois auparavant, le directeur lui-même, qui vint me rendre visite immédiatement. Je me sentais sale. Je jetai l'imperméable Terre de France issu de la dotation des appelés du contingent qui m'avait accompagné et m'avait servi de couverture de fortune. Avec lui, j'aurais voulu pouvoir me débarrasser aussi vite et définitivement du souvenir de ces soixante heures passées en garde à vue, mais cette souillure-là ne part pas facilement, même lorsqu'on en sort blanchi.

CHAPITRE 10

Tel est pris
qui croyait prendre

Le respect humain interdit de traiter quelqu'un de menteur ou de lâche, mais si on passe sa vie à ménager la situation des gens et à entretenir la vanité, on finit par ne plus savoir ce qui en eux mérite d'être respecté.

F. S. FITZGERALD,
Tendre est la nuit

Souvent, je me plaisais à imaginer l'ancien patron du renseignement intérieur sur le banc des accusés. L'autrefois tout-puissant Bernard Squarcini se laisserait-il déstabiliser ? Regretterait-il, lui, le « maître espion » soumis à la raison d'Etat, de n'avoir pas réfléchi davantage avant de réclamer l'examen des communications téléphoniques d'un journaliste et d'un conseiller ministériel ? L'image du flamboyant préfet appelé à la barre pour répondre de ses actes comme n'importe quel quidam m'aidait à tenir en attendant le jour de l'audience. Ce procès n'était pas le mien. Il opposerait *Le Monde* à l'ex-directeur central du renseignement intérieur, renvoyé en correctionnelle pour « collecte de données à caractère personnel par un moyen frauduleux, déloyal ou illicite ». Je misais pourtant sur cette ultime épreuve psychologique pour pouvoir tourner la page du livre froissé qu'était devenue ma vie depuis l'été 2010.

Je découvrais que la justice pénale serait *in fine* la seule institution en capacité de sanctionner le détournement de pouvoir dont j'avais été l'objet. Toutes les institutions qui auraient pu et dû l'empêcher avaient quant à elles été contournées : le directeur de cabinet du Premier ministre qui autorisait les mesures, la Commission nationale de contrôle des interceptions de sécurité qui aurait dû donner un avis, le coordonnateur national du renseignement, la Commission consultative du secret de la défense nationale qui n'avait pas été saisie alors que le ministre de l'Intérieur avait prétendu que les réquisitions étaient classifiées.

A mesure que la date fixée au mois de février 2014 approchait, je fourbissais mes armes comme à la veille d'un procès d'assises. Pour la première fois, je serais, moi qui étais magistrat, sur le banc des victimes. Ce statut était encore plus jubilatoire que celui de témoin, expérimenté un an plus tôt dans le dossier Bouaké. En l'espace de trois ans, j'avais enfilé les différents costumes de l'usager du service public de la justice pénale. Les deux premiers, gardé à vue puis simple témoin, étaient du prêt-à-porter, ils n'étaient pas faits pour moi. Le dernier était sur mesure. Il m'irait parfaitement. L'appel téléphonique du parquet pour m'annoncer que j'avais un statut de victime s'était fait attendre. Lorsque je le reçus finalement, huit jours seulement avant l'audience, je me dis qu'enfin, peut-être, la roue du destin allait tourner en ma faveur.

« Comment allez-vous ? » me demanda la voix au téléphone, celle d'une interlocutrice que j'avais croisée plus de quinze ans auparavant, lors de mon arrivée à la Chancellerie. Impossible de répondre… Je ne le pouvais pas. Je ne le voulais pas. Ne pas afficher le moindre sentiment était l'objectif que je m'étais fixé dès le départ de l'affaire, je voulais m'y tenir jusqu'au bout. J'avais pris le parti, lorsque je croisais ou recroisais collègues et amis, de ne pas paraître affecté outre mesure. Je ne sais pas si cela a fonctionné, peut-être a-t-on cru que j'étais plus fort moralement qu'on ne l'aurait imaginé, ou tout simplement insensible. Je préférais renvoyer cette image que celle d'un homme à terre.

« Vous habitez bien rue Bossuet ? » poursuivit la voix. « Bausset », corrigeai-je. J'habitais une rue qui portait le nom d'un cardinal, pas celui d'un simple évêque, fût-il l'auteur des *Oraisons funèbres*... « Puis-je vous envoyer le document en fichier attaché ? » me proposat-elle, décidément très aimable. Je prenais un plaisir certain à voir cet échange anodin se prolonger. Cette conversation n'avait aucun intérêt si ce n'est de me conforter dans mon statut symbolique de victime. Je voulais la savourer, afin qu'elle supplante dans ma mémoire le goût amer de la geôle. Etre une victime au procès n'avait de sens que si je revendiquais ce statut qui m'était proposé en me constituant partie civile. Quelque temps auparavant, j'avais obtenu la protection statutaire du ministère de la Justice. Au-delà de la caution morale de l'Etat, ce régime juridique offrait aux fonctionnaires objets d'attaques ou de menaces dans leurs fonctions la prise en charge de leurs frais d'avocats. Paré de ce double soutien, je n'avais plus de raison d'hésiter et revêtais donc officiellement les habits de la partie civile en écrivant au président de la 17e chambre correctionnelle, spécialisée dans les infractions de presse. Je préparais non pas ma défense mais celle de mes droits avec mes avocats, Emmanuel Ravanas et Félix de Belloy.

Trois semaines plus tôt, le non-lieu enfin obtenu dans le dossier Visionex m'avait électrisé. Je savais le dossier d'accusation vide mais m'attendais au pire depuis mes mésaventures, et craignais d'être renvoyé au terme d'une instruction interminable. On m'avait laissé entendre que l'ordonnance de non-lieu tomberait le 24 décembre 2013. Je m'étais mis à attendre Noël tel un enfant. Elle était finalement arrivée avec une semaine de retard, et j'avais appris la nouvelle dans le métro, au-dessus du pont Bir-Hakeim, à l'endroit précis où les touristes découvrent la tour Eiffel. Cela n'empêcherait pas le procès Visionex d'avoir lieu, mais ce serait sans moi. Le rôle de l'accusé vedette reviendrait à Fabien Chalandon, renvoyé devant le tribunal en compagnie de sept autres prévenus.

Délesté de cette première affaire, je brûlais d'en découdre avec Bernard Squarcini par tribunal interposé. « Souvenez-vous que vous êtes victime et pas procureur », me rappella Félix dans un sourire lors d'une séance de travail où il me demandait de lui raconter l'histoire des fadettes telle que je l'avais vécue. Je me replongeai alors dans les souvenirs encore brûlants de cet été 2010, un été de feu. Le contexte d'abord. Cette nervosité extrême au sommet de l'Etat, cristallisée par une affaire Bettencourt qui symbolisait à elle seule bien des maux de notre République : collusion, conflit d'intérêts, instrumentalisation d'un parquet déjà fragilisé par les critiques de la Cour européenne des droits de l'homme. Et puis, en parallèle, ces deux faits divers tragiques en Eure-et-Loir et en Isère, vite récupérés par un président soucieux de donner un coup de fouet à sa cote de popularité en chute libre. La conjonction de ces deux événements, ces deux séries indépendantes comme diraient les scientifiques, avait poussé le gouvernement dans ses retranchements.

J'évoquai aussi mes propres sentiments. Mon trouble. Celui d'avoir été traité sans la moindre considération par le garde des Sceaux, le ministre du droit comme MAM aimait à se définir. « Je suis juriste », répétait-elle à l'envi et pas seulement lorsqu'elle régnait sur la place Vendôme. Pour illustrer son attachement à la chose juridique, que comme agrégative des facultés de droit elle avait enseignée pendant plusieurs années, elle n'avait ainsi pas craint d'écrire dans un livre de souvenirs, démontrant au passage un sens de l'humour, peut-être involontaire à la réflexion, qu'aucun de ceux qui l'avaient accompagnée depuis si longtemps n'avaient même soupçonné : « Mon arrivée à la Chancellerie avait rassuré les magistrats : je suis juriste, j'ai des diplômes de droit supérieurs aux leurs[1]. »

« Je suis juriste » était une figure de rhétorique. Une très belle antiphrase, qui soulignait néanmoins avec justesse que la politique n'était et ne demeurait qu'un pur rapport de force, le droit n'étant qu'une superstructure ou un paravent. Etonnante juriste, quand même, qui n'avait guère contesté les pratiques illégales d'un service de renseignement. Politiquement, il lui eût pourtant été facile de dénoncer ces méthodes d'un autre âge, qui, si elles s'appliquaient à l'un de ses conseillers injustement soupçonné de fuites, devaient s'étendre à bien d'autres. Peu de temps auparavant, Rachida Dati, ex-garde des Sceaux, était d'ailleurs parvenue à se tirer d'un faux pas similaire avec autrement plus de force et de brio. Soupçonnée de propager des rumeurs sur le couple présidentiel et mise sous surveillance à ce titre, elle avait su hausser le ton et faire reculer ceux qui prétendaient protéger « les intérêts de la Nation ». Laquelle de ces deux femmes de tête s'était montrée la plus forte : celle qui s'était laissé faire ou celle qui avait su hausser le ton ? Michèle Alliot-Marie pensait sans doute qu'en encaissant

---

1. Michèle Alliot-Marie, *Au cœur de l'Etat*, Plon, 2013.

sans protester cette énième défaite morale, elle assurerait sa propre survie politique, au moins à court terme – le seul combat qui comptait à ses yeux. Las, sur le moyen terme, son calcul s'était avéré perdant.

Avec mes avocats, nous étions convenus que je ne serais pas présent à l'audience. Ils me représenteraient, comme la loi le permet. Je craignais en m'invitant de catalyser à la fois les attentions et les haines, avec le risque de voir le procès Squarcini se transformer en procès Sénat. Il s'agissait de juger l'ancien patron de la DCRI et ses méthodes, rien ne devait détourner le juge de cet objectif. J'aurais pourtant voulu y être. Témoigner de l'acharnement dont j'avais fait l'objet au nom d'un antagonisme politique ancien, resté étonnamment vivace malgré la victoire du camp sarkozyste en 2007. Au nom aussi de l'amitié de trente ans qui me liait à un ancien cadre de la DST qui, avant tous les autres, avait mis en lumière les fréquentations de Bernard Squarcini[1]. Au nom, enfin, de la

---

1. Cf. Vincent Lamigeon, « La vérité ou le mystérieux Alexandre Djouhri », *Challenges*, 23 mars 2012 ; Mélanie Delattre et Christophe Labbé, « Qui a peur de Monsieur Alexandre », *Le Point*, 30 juillet 2015.

toute-puissance qui s'était installée au sommet de l'Etat et qui avait favorisé une conception instrumentale des forces de police, utilisées trop souvent pour protéger les personnes et non les institutions qu'elles étaient censées incarner. J'avais beau savoir par expérience qu'un témoignage trop appuyé des parties civiles pouvait s'avérer contre-productif, je brûlais d'expliquer tout cela à la barre.

Ce n'était pas possible : il me fallait assumer mon statut de victime jusqu'au bout, celui pour lequel je m'étais battu, en refoulant mon métier de procureur. Pour tromper ma frustration, je rédigeai quelques argumentaires pour Félix et Emmanuel. Rappeler les règles de protection du secret des sources. Passer au tamis de la vérité les explications de l'ex-grand manitou de la DCRI. Lequel s'était contredit plusieurs fois, d'abord en assurant que seules mes conversations téléphoniques, et non celles du journaliste, avaient été analysées. Puis en affirmant sans rougir que l'avis de la commission chargée d'autoriser cette procédure avait été demandé. Dans les deux cas, l'enquête avait battu en brèche ces affirmations. Les juges en tiendraient-ils compte ou au contraire choisiraient-ils de protéger l'institution ?

Le jour J, j'étais chez moi avec les miens. J'avais pris une semaine de congé, pour ne pas vivre ces moments douloureux depuis le Palais de justice.

J'étais donc condamné à attendre, scotché à mon téléphone, les textos de mes avocats et de quelques journalistes qui me tenaient informé à distance de l'évolution des débats. Je me figurais avec une certaine gourmandise le président de la 17e chambre interpellant l'ex-patron du renseignement : « Monsieur Squarcini, vous pouvez peut-être aller à la barre si vous le voulez bien. » J'entendais comme si j'y étais le prévenu invoquer la « défense des intérêts fondamentaux de la Nation ». Et donner sans trembler sa version des événements : « Il s'agit de débusquer un traître, une fuite dans un cabinet ministériel. C'est régalien, il ne s'agit pas du ministère de la Culture... » A l'entendre, la « confiance » et la « loyauté des conseillers ministériels » étaient en jeu : « Si les PV circulent comme des feuilles mortes à l'automne, c'est qu'il y a quelque chose d'anormal dans le fonctionnement des institutions régaliennes. » L'ancien patron de la DCRI n'avait pourtant pas fait preuve du même zèle lorsque, la semaine précédant la parution des PV dans *Le Monde*, des extraits tronqués de l'audition de Claire Thiboult, autre témoin clé de l'affaire Bettencourt, avaient été publiés dans *Le Figaro*.

Quelle pouvait être l'impression faite par une telle argumentation devant des magistrats de l'institution judiciaire ? Sans doute son avocat mesurait-il la faiblesse de cette rhétorique puisqu'il tenta de déplacer le centre de gravité du débat en présentant son client comme le policier qui « avait permis d'éviter » un nombre incalculable d'attentats aux « conséquences douloureuses pour notre pays ». Pour appuyer son propos, la défense fit citer un témoin qui n'en n'avait que le nom, puisqu'il était en poste sur l'île de la Martinique au moment de l'affaire. Il s'agissait du préfet Ange Mancini. Affecté en Corse en même temps que Bernard Squarcini, dans les années 1980, il évoqua le fait que le prévenu et lui se connaissaient depuis longtemps et qu'« [ils avaient] fait passer le nombre de victimes de terroristes de 600 à 300 ». Voire. L'homme n'était pas seulement un ami intime de Bernard Squarcini. C'était aussi l'ancien coordonnateur national du renseignement sous la présidence de la République de Nicolas Sarkozy. Depuis mon fauteuil, l'envie me démangeait de lui demander s'il témoignait en cette qualité et s'il engageait ainsi le chef de l'Etat, si peu que ce soit. J'aurais aimé entendre ce haut fonctionnaire ayant fait la majeure partie de sa carrière dans la PJ avant d'être nommé préfet, dire tout haut ce qu'il pensait de l'utilisation détournée des services de renseignement à des fins judiciaires. Lui qui était censé coordonner l'action des différents services de renseignement avait sans doute eu à donner son avis. Cela n'arriverait pas, la question ne serait pas posée, selon l'expression consacrée dans les prétoires.

Je savourai en revanche les déclarations d'un autre témoin. Le commissaire divisionnaire Stéphane Tijardovic, depuis lors promu contrôleur général et fait chevalier de la Légion d'honneur par le ministre de l'Intérieur dans la cour d'honneur du ministère, était à l'époque des faits le responsable des investigations techniques à la DCRI : c'est donc lui qui avait demandé à l'opérateur Orange les fameuses « fadettes ». Sans le vouloir, il contredisait le prévenu qu'il était censé aider. « Quel est le délai pour obtenir le résultat des réquisitions portant sur les appels téléphoniques ? » l'interrogeait le président du tribunal. « Dans la journée », répondit-il à brûle-pourpoint, faisant mentir son ancien patron qui avait évoqué un délai de quinze jours. Magie du prétoire, quand dans un soudain élan de sincérité, le témoin de la défense devient le meilleur allié de l'accusation. L'attestation rédigée pour le prévenu par le général Rondot, qui n'avait pas craint au crépuscule d'une carrière qui s'était achevée dans le ridicule, de se transformer en témoin de moralité, n'était pas la moindre des aberrations de ce dossier.

Bien qu'il n'ait pas manqué de soutiens dans la salle – comme en attestait la présence au sein du public d'anciens collaborateurs de Claude Guéant –, Bernard Squarcini se présenta comme une victime du système, un exécutant zélé qui avait mal apprécié la situation. Il crut devoir reprendre l'antienne selon laquelle il avait été victime de l'imprécision des textes, comme s'il n'était pas évident que recourir à des méthodes de renseignement pour faire de la police judiciaire ne constituait pas un détournement de procédure autant qu'une infraction pénale. Il ne craignit pas d'évoquer une « instrumentalisation de la justice », lui qui avait opportunément retiré sa constitution de partie civile dans le dossier Clearstream à l'aube du procès.

L'absence remarquée sur le banc des prévenus du directeur général de la police nationale, Frédéric Péchenard, présenté comme l'homme qui avait réclamé à la DCRI les « fadettes » du journaliste Gérard Davet, était un atout dont le prévenu joua habilement. Le grand flic reconverti dans la politique avait échappé aux poursuites au motif qu'il n'avait pas donné d'ordre précis à la DCRI quant aux moyens à employer. Seul à comparaître, l'ancien maître espion eut alors beau jeu de charger son donneur d'ordre, expliquant qu'il avait eu tort d'engager son service dans une mauvaise cause, et de ne pas désobéir à une requête manifestement illégale. En effet, comme le rappela Gérard Davet au cours de son témoignage : « Il est extrêmement rare de demander les fadettes d'un journaliste, sauf quand il a des liens avec des services étrangers, la criminalité organisée ou des organisations terroristes. Je n'entre dans aucune de ces trois catégories. »

Pour le procureur, l'affaire était entendue. L'ancien patron de la DCRI s'était bien écarté du droit en s'appuyant, pour requérir et analyser les communications téléphoniques du journaliste et les miennes, sur un texte qui autorisait le contrôle des communications « aux seules fins de défense des intérêts nationaux ». Le parquet ne requit pourtant que 5 000 euros d'amende. Une peine étonnamment modérée, justifiée au nom des « états de service et des services rendus à la République par le prévenu ». Le magistrat que j'étais ne s'en émut pas : il était en effet de règle de prendre en considération le passé d'un prévenu pour adapter la sanction. Tout au plus étais-je sceptique quant à la réalité et à la consistance des services rendus à la

République. Ils n'étaient certes pas inexistants, mais à tout le moins contrastés, comme l'avaient déjà démontré la création de la DCRI et certains de ses échecs, que quelques mois plus tard illustrerait l'affaire Merah.

Un mois après, le 18 avril 2014, le tribunal rendit son jugement. Bernard Squarcini était reconnu coupable du délit de « collecte frauduleuse de données à caractère personnel ». Il était condamné à 8 000 euros d'amende. Le tribunal était allé au-delà des réquisitions du procureur, sans doute moins sensible que lui à l'« excellent parcours » de l'ancien policier. Pour la première fois, le patron d'un service de renseignement intérieur était condamné pour des faits commis dans l'exercice de ses fonctions. Il ne ferait pas appel de sa condamnation.

J'appris que mon statut de partie civile avait été reçu et que je recevrais l'euro symbolique que j'avais demandé en guise de dommages et intérêts. J'aurais dû me réjouir, mais au soulagement que procurait la fin de trois ans et demi d'épreuves s'ajoutait un curieux sentiment de vide. Le volet public de l'affaire s'était refermé avec le procès. Je restais seul avec ce qui était pour moi un drame intime et qui le demeurerait encore longtemps.

Qu'est-ce qu'un conseiller ? Décideur ou consulteur ? Amibe ou architecte ? Un écran pour des élus décidément irresponsables ?

Qu'est-ce en effet qu'un politique au début du XXIe siècle si ce n'est un habile communicant, dont l'absence de toute influence sur le monde réel le met à l'abri de toute responsabilité, politique ou judiciaire… La République des politiques serait-elle devenue celle des conseillers ? Faut-il que ceux qui les entourent soient seuls exposés au risque judiciaire, en vertu d'un écran qu'ils formeraient nécessairement avec le juge ?

La présidentialisation, accrue par un rythme quinquennal, et pendant un temps la transformation de la présidence de la République en une improbable *West Wing*, ont brouillé les cartes en introduisant une confusion dans le rôle de chacun. Le nombre de membres de l'entourage de l'ancien président de la République aujourd'hui mis en cause à ce stade dans des procédures judiciaires suffit à s'en convaincre.

La question n'est pourtant pas tant juridique que morale ou éthique.

Jusqu'où un responsable public, quel que soit son rôle, doit-il accepter ce qui contrevient à ses convictions ? La question de l'élection n'y change rien. Procéder du suffrage universel ne peut dispenser quiconque de ses responsabilités. Cela devrait au contraire les renforcer, même si aujourd'hui le paradoxe veut qu'un suspect présumé innocent soit coupable et un condamné réhabilité par le fait même de sa condamnation.

Faut-il attendre cet ordre manifestement illégal qui n'est jamais émis ou à tout le moins jamais écrit, et qui est le seuil de la désobéissance légale, attendre d'être au bord de la falaise pour avoir le vertige ?

Comme tant de pratiques un tant soit peu addictives, même légales, la pratique ou la fréquentation trop longue du pouvoir politique érode peu à peu les défenses, anesthésie le corps et parfois la conscience de ceux qui le servent.

Même après ces dernières années, je ne ferai pas le reproche souvent adressé au juge pénal d'être un arbitre excessivement interventionniste des excès ou des abus de la société politique. Je l'ai si souvent entendu, lorsque je recevais des élus mis en cause voire condamnés pour avoir pour les uns laissé bien malgré eux sur un stade municipal un panneau de basket ou un but de handball vétuste qui s'étaient effondrés en blessant ou tuant des enfants, et pour les autres manqué au respect des règles relatives aux marchés publics.

Il ne l'est que par défaut. Il est comme le véhicule qui sur le Tour de France récupère ceux qui ne peuvent plus suivre. Un véhicule-balai pour un groupe de retardataires devenu un véritable peloton. Parce que la société politique et chacun de ses membres, élus ou non élus, ne trouvent pas toujours dans leur for intérieur surtout, dans leur entourage parfois, dans les règles professionnelles à vocation déontologique enfin, les principes moraux non écrits dont ils doivent faire dépendre leur comportement. Dire non. L'écrire. Partir quand il le faut.

TABLE

Avant-propos 11

1. Aller simple pour Cayenne...................... 17
2. Un magistrat dans les allées du pouvoir... 35
3. Dans l'ombre de MAM........................... 51
4. Clearstream, cabinets noirs
   et coups tordus 71
5. Bienvenue en Sarkozie........................... 91
6. DCRI, l'aigle qui chassait les mouches....... 118
7. « Mille petits dégoûts de soi... » 134
8. Visionex, qui perd gagne........................ 153
9. De l'autre côté du miroir 172
10 Tel est pris qui croyait prendre 192

Mise en pages PCA
44400 Rezé

Cet ouvrage a été imprimé en France
par CPI
en octobre 2015

N° d'édition : 19099 - N° d'impression : XXX
Dépôt légal : octobre 2015